즈파게티로
쓱쓱 뜨는
클러치 백과 소품

주부와 생활사 지음
왕언경 옮김

CONTENTS

P3	들어가며		
P6	벨트 클러치 백	how to make —	P41
P7	네이티브 무늬 클러치 백	how to make —	P42
P8	보더 무늬 클러치 백	how to make —	P43
P9	후킹 클러치 백	how to make —	P34
P10	체인 클러치 백	how to make —	P44
	자수 와펜 브로치	how to make —	P45
	천연석 스톨 핀	how to make —	P44
P11	반다나 클러치 백	how to make —	P46
P12	프린지 클러치 백	how to make —	P47
P14	리본 무늬 클러치 백	how to make —	P48
P15	무늬 플랩 클러치 백	how to make —	P49
P16	네 줄 딸기 팔찌	how to make —	P36
P17	매듭 목걸이	how to make —	P50
P18	반원 플랩 클러치 백	how to make —	P51
P19	기하학무늬 클러치 백	how to make —	P51
P20	단추 클러치 백	how to make —	P53
P21	접이식 클러치 백	how to make —	P54
P22	토글 단추 클러치 백	how to make —	P55
P23	비즈 클러치 백	how to make —	P56
P24	위빙 태피스트리	how to make —	P31
	리메이크 꽃병	how to make —	P37
	리메이크 바스켓	how to make —	P37
	꽃병 커버	how to make —	P57
P26	기하학무늬 쿠션 커버	how to make —	P58
P27	가죽 바닥 룸 슈즈	how to make —	P60
	프린지 러그	how to make —	P62
P28	손잡이 트레이	how to make —	P64
	스티치 냄비 받침	how to make —	P63
P29	마크라메 화분 걸이	how to make —	P38

P30	Hoooked Zpagetti & RibbonXL에 관한 이야기
P40	태슬 만드는 법, 프린지 다는 법
P65	기초 뜨개 방법
P71	작가 프로필

들어가며

즈파게티는 티셔츠를 찢은 듯한
부드럽고 신축성 있는 유니크한 실입니다.
이 실은 패션 의류 제조업체에서
폐기된 면직물을 원료로 쓰기 때문에
실에 따라 색, 무늬, 두께, 촉감이 달라집니다.
그러므로 마음에 드는 실은 발견 즉시 사는 것이 요령!
또 업사이클※ 특유의 이음매, 매듭, 구멍이 있고
이따금 오염된 것도 있습니다.
그런 점에서 다루기가 쉽지 않은 면도 있지만
스파게티를 삶듯 쉽고 빠르게 쓱쓱 뜰 수 있어
한번 사용해보면 실 자체의 매력에 푹 빠지게 됩니다.
이 책에는 가벼운 리사이클 리본XL의 뜨개 레시피도 실려 있습니다.
자, 이제 멋진 작품을 골라 나만의 오리지널 소품을 만들어볼까요?

※업사이클이란 본래의 형태를 유지한 리사이클의 의미.

Hoooked Zpagetti & RibbonXL로 뜨는

클러치 백과 인테리어 소품

WORKS
001

벨트 클러치 백

Mix 즈파게티로 뜬 클러치 백에 가죽 밴드를 둘러 야무진 느낌. 가죽 밴드 속으로 백을 잡으면 안정되고 세련된 분위기를 연출할 수 있다.

Designed by R*oom
만드는 법 —— P41

WORKS
002

네이티브 무늬 클러치 백

기하학 패턴을 떠 넣은 스타일리시한 디자인으로 긴 태슬이 포인트. 모노톤 컬러이기 때문에 시크한 옷차림, 여성스러운 옷차림에 모두 코디하기 좋다.

Designed by gemelli

만드는 법 —— P42

WORKS
003

보더 무늬 클러치 백

화창한 날의 외출을 한층 들뜨게 만드는 산뜻한 보더 무늬. 화이트×그레이×색스블루의 베이식 컬러에 연한 옐로를 돋보이게 함으로써 트렌디한 감성을 높였다.

Designed by R*oom

만드는 법 —— P43

WORKS
004

후킹 클러치 백

후킹이라는 기법을 이용하여 즈파게티를 그물 모양의 네트에 짜 넣은 클러치 백. 이 작업은 끈기가 필요하지만 그만큼 오래 간직하고 싶은 작품으로 남을 것이다.

Designed by Noriko Misumi
만드는 법 —— P34

WORKS
005

체인 클러치 백

어떤 스타일이든 잘 어울리는 심플하고 적당한 크기의 클러치 백. 자수 와펜을 달면 캐주얼하게, 천연석 스톨 핀을 달면 시크하게, 다양한 표정을 즐길 수 있다.

Designed by KITTUN ASWADU
만드는 법 —— P44

WORKS
006／007

자수 와펜 브로치
천연석 스톨 핀

정갈하게 자수를 새긴 와펜 브로치. 가벼워서 백에 부담을 주지 않아 좋다. 좋아하는 색이나 모양의 천연석을 섞어 나만의 오리지널 스톨 핀을 만들어보자.

Designed by horieee
만드는 법 —— P44-45

WORKS 008

반다나 클러치 백

대바늘 뜨개의 풍성함과 입체감이 백을 더욱 돋보이게 한다. 빈티지한 반다나가 포인트. 해변이나 도시의 거리에서 모두 어울리는 시원한 머린 룩 디자인이다.

Designed by FUNNY BUNNY

만드는 법 —— P46

WORKS
009 프린지 클러치 백

Mix

콘초와 프린지가 어우러진 네이티브 아메리칸 느낌의 클러치 백. Mix 스파게티로 뜨면 단색과는 또 다른 여성스러운 인상을 준다. 당신은 어떤 스타일?

Designed by gemelli
만드는 법 —— P47

Marina

WORKS
010

리본 무늬 클러치 백

베이스는 즈파게티로 뜨고 블랙 부분은 리본XL로 변화를 주어 원만하고 부드러운 실루엣으로 완성. 세미 정장 차림에도 요긴하게 활용할 수 있는 단아한 디자인이다.

Designed by zena

만드는 법 —— P48

WORKS
011

무늬 플랩 클러치 백

블루와 그레이가 어우러진 바이컬러 디자인. 스트랩으로 말아 버튼에 고정한다. 작지만 존재감이 뛰어나 스타일에 고급스러움을 더해준다.

Designed by Masami Nagai

만드는 법 —— P49

WORKS
012

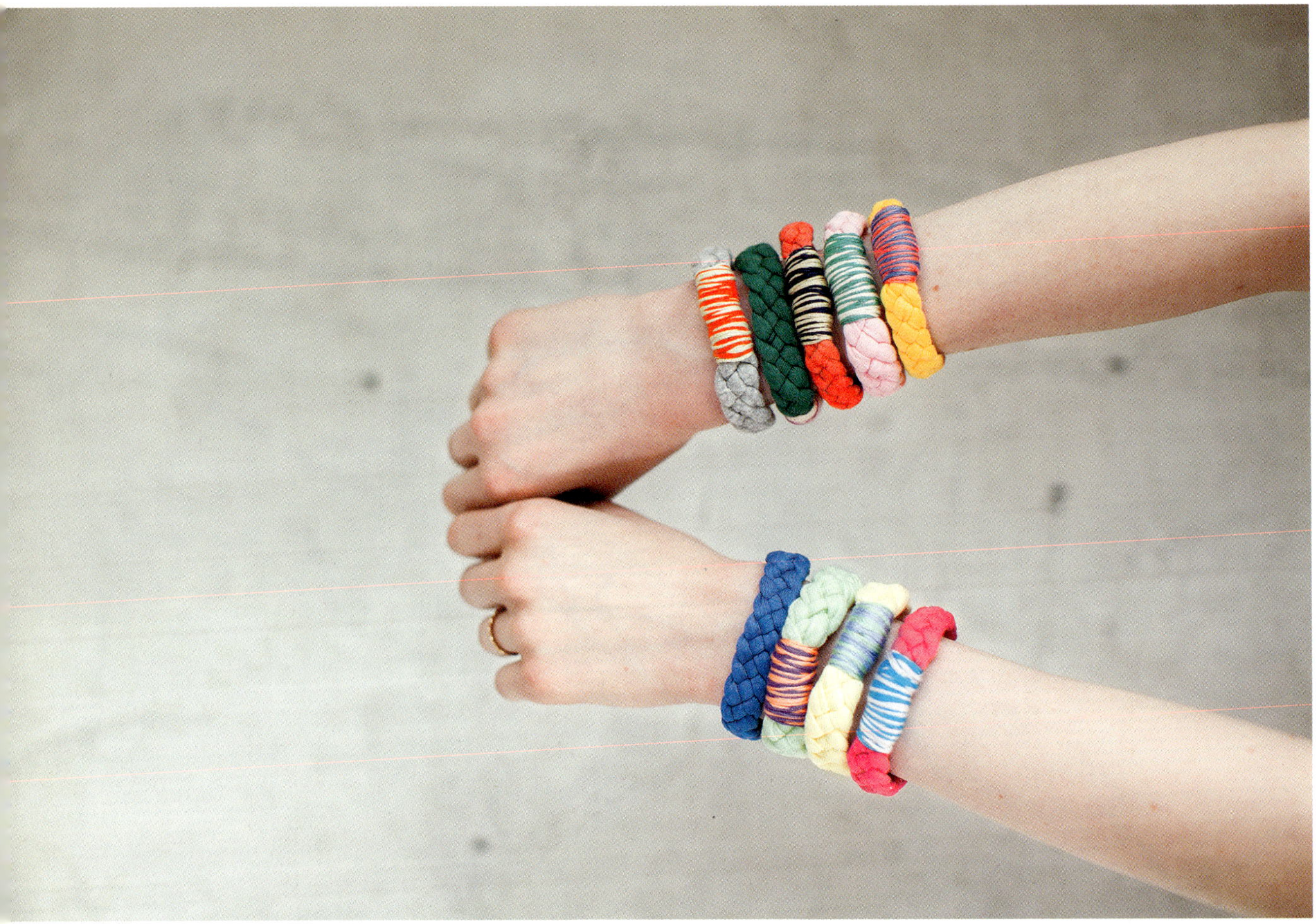

네 줄 땋기 팔찌

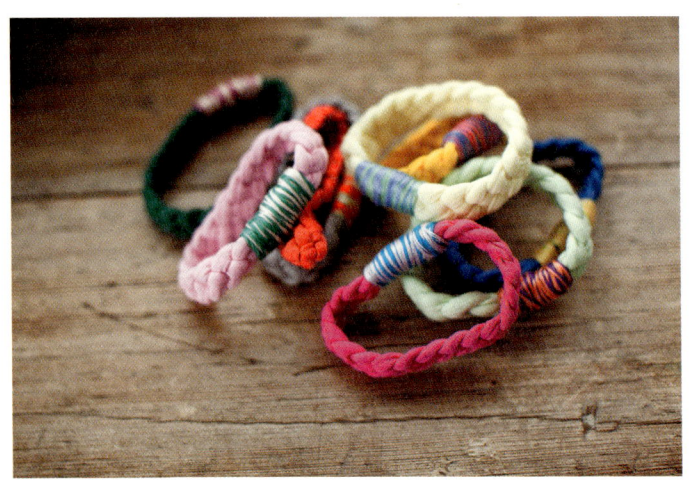

즈파게티의 매력을 한껏 살린 심플한 팔찌.
자수실과의 조합에 따라 끝없이 변화한다.
손목에 차고 있다가 헤어밴드로도 활용하자.

Designed by KITTUN ASWADU

만드는 법 —— P36

WORKS
013

매듭 목걸이

매듭 기법을 응용한 목걸이. 가늘고 화려한 체인에 엮으면 여성스러운 인상을 준다. 심플한 옷차림을 화려하게 꾸며주는 회심의 아이템.

Designed by zena

만드는 법 —— P50

WORKS
014

반원 플랩 클러치백

차분한 컬러로 단순하면서도 깔끔한 인상이 돋보인다. 반원형 플랩이 감각적이면서 자연스럽다. 코디의 완성을 위해 간직할 만한 디자인이다.

Designed by Masami Nagai
만드는 법 —— P51

WORKS
015

기하학무늬 클러치 백

선명한 컬러의 기하학무늬가 시선을 사로 잡는다. 겹쳐 단 태슬은 자연스러우면서도 균형감을 고려한 연출이다. 밋밋한 옷차림에 포인트를 주고 싶을 때 선택할 만하다.

Designed by gemelli

만드는 법 —— P51

WORKS
016

단추 클러치 백

심플한 그레이 클러치 백에 옐로 배색이 인상적이다. 플랩 둘레를 즈파게티로 감기만 해도 한층 정돈된 느낌을 준다. 둥근 버튼으로 섬세함을 더했다.

Designed by Masami Nagai　만드는 법 —— P53

WORKS
017

접이식 클러치 백

클러치도 되고 손가방도 되는 투웨이 백. Mix 스파게티로 뜬 불규칙한 모양에 핑크를 매치해 전체적으로 야무진 인상을 준다. 핑크의 배색 비율이 절묘하다.

Designed by R*oom

만드는 법 —— P54

WORKS
018

토글 단추 클러치 백

스트랩을 감아서 토글 단추에 고정하는 클러치 백. 심플한 백이지만 카무플라주 패턴의 실을 믹스한 태슬이 장난기를 더한다.

Designed by gemelli
만드는 법 —— P55

WORKS
019

비즈 클러치 백

플랩 전체를 덮는 프린지로 유니크한 느낌의 클러치 백. 비즈를 곁들여 우아해 보인다. 캐주얼한 프린지와 드레시한 비즈라는 미스매치 연출이 흥미롭다.

Designed by R*oom
만드는 법 —— P56

WORKS
021/022

리메이크 꽃병, 리메이크 바스켓

빈 병이나 마트에서 파는 바스켓에 실을 감아 두르는 간단한 리메이크. 색의 어울림이나 위치에 변화를 주어 나만의 오리지널 작품을 만들어보자.

Designed by Noriko Misumi 만드는 법 —— P37

WORKS
020

위빙 태피스트리

그림 도구용 나무틀에 못을 박아 손베틀을 만들어 실을 한 올 한 올 정성 들여 짜는 태피스트리. 손품은 들지만, 작품이 완성되면 나만의 소중한 보물로 간직될 것이다.

Designed by Noriko Misumi
만드는 법 —— P31

WORKS
023

꽃병 커버

밋밋한 꽃병도 니트 커버로 감싸면 멋지게 변신한다. 가지고 있는 꽃병이나 빈 병으로 꾸밀 때 병 바닥보다 한 바퀴 작게 뜨면 커버가 병에 알맞게 피트된다.

Designed by Noriko Misumi
만드는 법 —— P57

WORKS
024
기하학무늬 쿠션 커버

소파 위에 두는 것만으로도 방 분위기가 한결 발랄해지는 기하학무늬 쿠션 커버. 블루와 옐로의 배색 부분은 방 분위기에 맞춰 색을 조율한다.

Designed by gemelli   만드는 법 —— P58

WORKS
025
가죽 바닥 룸 슈즈

리본XL로 떠 발을 부드럽게 감싸주는 룸 슈즈. 바닥에 가죽 패치를 대어 튼튼하고 때가 잘 타지 않아 좋다. 발꿈치의 색을 취향에 따라 바꿔보는 것도 재미있다.

Designed by miquraffreshia   만드는 법 —— P60

※고양이 손뜨개 인형은 참고 작품(Designed by miquraffreshia)

WORKS
026

프린지 러그

맨발로 밟고 싶은 푹신하고 안락한 러그. 뜨개코에 매단 프린지가 인상적이다. 크기 때문에 만들기 주저하던 러그도 두꺼운 즈파게티만 있으면 쓱쓱 손쉽게 뜰 수 있다.

Designed by miquraffreshia

만드는 법 —— P62

WORKS
027 손잡이 트레이

티포트나 커피 세트를 올려놓고 늘 부엌에 두고 싶은 즈파게티 트레이. 손잡이와 태슬로 장식성을 더했다. 과일이나 간식을 두기에도 좋다.

Designed by zena
만드는 법 —— P64

WORKS
028

스티치 냄비 받침

작은 냄비나 티포트를 올려놓기 좋은 크기이다. 즈파게티가 뜨개코 사이를 통과하는 단순한 스티치가 포인트. 두꺼워서 안정감도 있다.

Designed by zena
만드는 법 —— P63

WORKS
029

마크라메 화분 걸이

마크라메 매듭을 이용한 화분 걸이. 복잡해 보이지만 간단한 매듭만으로 손쉽게 만들 수 있다. 화분은 물론이고 꽃병을 넣어 생화를 장식해도 멋지다.

Designed by Iyo Yamamoto(schole)

만드는 법 —— P38

| RECYCLE | → | UPCYCLE |

리사이클 그다음
Hoooked Zpagetti & RibbonXL에 관한 이야기

즈파게티는 유럽 의류 공장에서 폐기된 코튼지 조각을 업사이클(본래의 형태를 보존한 리사이클) 처리한 네덜란드의 재생 실이다. 월 75~100톤에 이르는 코튼 조각을 재이용함으로써 폐기 처분하는 옷감의 양을 줄이는 데 공헌하고 있다. 제조 방식이 독특해 '단 한 번 탄생하는 실'이라 불린다. 가방을 비롯한 패션 소품부터 인테리어 장식까지 다양한 작품을 만들 수 있는 유니크한 실이다.

두꺼운 즈파게티로 짤 때 좋은 오리지널 점보 코바늘과 대바늘(꼭지바늘). 대나무 소재라서 손에 금방 익숙해진다.

훅트 즈파게티
니트 천을 티셔츠 등으로 재단하고 남은 조각을 소재의 형태는 보존하면서 실로 재생산한 것. 부드럽고 신축성 있는 질감이 특징이다.

훅트 리본XL
코튼지 폐기 조각을 컬러별로 나누어 잘게 자르고 방적하여 릴리 얀(인조 견사를 가늘고 둥글게 끈처럼 짠 실) 형태로 짠 재생 실. 후 염색이기 때문에 색 변이가 없다.

1_창업자 헤이슈 모시스. 환경 문제에 공헌한 네덜란드 여성 기업가로 영국의 패션 잡지인 〈Red〉로부터 '레드 핫 우먼 상'을 수상했다. 2_원료로 쓰이는 폐기된 천 조각 3_품질, 색, 섬유별로 나뉜 원료 4_둥글게 말린 상태로 가공 5_포장 후 출하

Story of Hoooked Zpagetti & RibbonXL

HOW TO MAKE

※천의 치수는 세로×가로

WORKS 020　위빙 태피스트리 …P24-25　　　　　　　　　Designed by Noriko Misumi

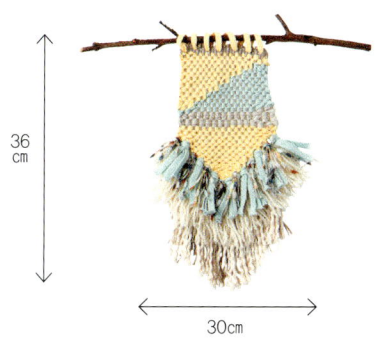

재료
훅트 리본XL
A Frosted Yellow(45) … 1개
B Sandy Ecru(33) … 1개
C Early Dew(46) … 1개
마 실 … 20m
면 로프 … 3m
털실(흰색) … 12m
팬시 얀* … 3m
길이 36cm의 나뭇가지 … 1개

도구
두꺼운 종이　쇠망치
풀　　　　　포크
나무틀(F8)　자(30cm)
연필　　　　가위
길이 2cm의 못 … 58개　돗바늘

*팬시 얀: 디자인 효과를 가진 실. 믹스 효과의 실이나 날염사 등 색이나 모양이 변한 실이다. 무늬실, 변형실, 장식실이라고도 한다.

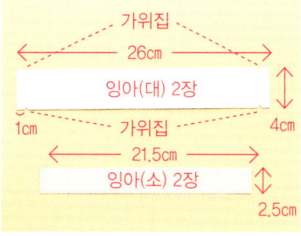

1　두꺼운 종이를 사진처럼 잘라 잉아(날실을 위아래로 나누는 기구)를 만든다. 잉아(대)의 4곳에 각각 2mm의 가위집을 넣는다.

2　잉아(대) 2장을 풀로 붙이고 가위집 부분에 각각 50cm로 자른 마 실을 감는다.

3　사진처럼 연필로 표시를 해서 나무틀의 아래쪽에 못을 박는다.

4　못을 끝까지 박지 말고 못 머리를 1.2cm 정도 남긴다. 나무틀의 위쪽도 같은 방법으로 못을 박는다.

5　위쪽의 왼쪽 끝 못에 마 실을 묶고, 위아래 번갈아서 마 실을 건다. 이때 실을 너무 당기지 않도록 주의한다.

6　번갈아서 마 실을 건 상태. 이것을 반복하여 모든 못에 마 실을 걸어 세로 실을 만든다.

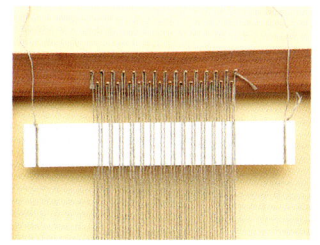

7　오른쪽에서 2줄씩 위→아래 번갈아서 세로 실을 뜨며 잉아(대)를 끼운다.

8　잉아(대)에 감은 마 실을 나무틀의 위쪽에 묶는다.

9　잉아(대)를 세워 사이를 벌린다.

10　사이에 잉아(소)를 1장 끼운다.

11　잉아(대)를 눕히고, 이번은 오른쪽에서 2줄씩 아래→위 번갈아서 세로 실을 뜨며 다른 1장의 잉아(소)를 끼운다.

12　잉아(대)를 세우고 오른쪽에서 마 실을 끼운 다음 잉아(대)를 눕힌다.

HOW TO MAKE

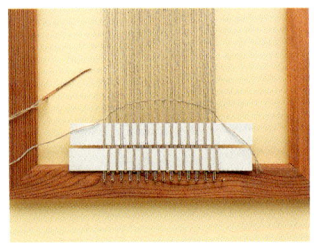  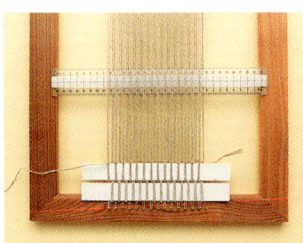 

13 여기서는 실을 당기지 않고 산 모양으로 둔다.

14 올 사이가 좁아지지 않게 세로 실을 손으로 가볍게 누르고 포크를 이용해 가로 실을 아래로 붙인다.

15 이번엔 자를 이용해 오른쪽에서 2줄씩 아래→위 번갈아서 세로 실을 뜬다.

16 자를 세우고 왼쪽에서 마 실을 끼운다. 12~14의 요령으로 2단째 짜고 일단 자를 뺀다.

   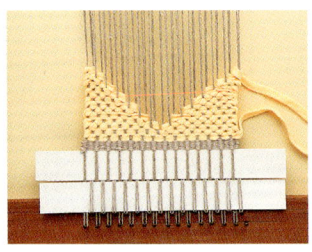

17 폭이 1cm 정도 될 때까지 12~16을 반복한다. 남은 실은 10cm 정도로 잘라 비켜놓는다.

18 12~16의 요령으로 A 실을 2단 짠다.

19 이어서 배색표대로 오른쪽을 짠다. 남은 실은 10cm 정도로 잘라 비켜놓는다.

20 같은 방법으로 왼쪽을 짜고, 남은 실은 10cm 정도로 잘라 비켜놓는다.

21 20cm로 자른 로프를 14개 준비한다. 세로 실의 오른쪽에서 1열째와 2열째 사이로 겉에서 로프를 밑으로 통과시킨다.

22 세로 실의 오른쪽에서 2열째와 3열째 사이로 겉에서 로프를 통과시키고 1열째와 2열째 사이로 안쪽에서 로프를 빼낸다.

23 로프의 양끝을 당겨 세로 실에 묶는다.

24 21~23의 요령으로 모두 14개의 로프를 묶는다.

25 16cm로 자른 털실을 70줄 준비한다. 5줄씩 21~24의 요령으로 세로 실에 묶는다.

26 10cm로 자른 C 실과 팬시 안을 각 14줄씩 준비한다. 2줄씩 21~24의 요령으로 C 실과 팬시 안을 번갈아서 세로 실에 묶는다.

27 이것으로 프린지 부분 완성.

28 A 실을 사용해 12~16의 요령으로 짠다. 남은 실은 10cm 정도로 잘라 비켜놓는다.

WORKS
020

위빙 태피스트리

29. 12~16의 요령으로 **B** 실을 사용해 배색표대로 2단을 짠다. 남은 실은 10cm 정도로 잘라 비켜놓는다.

30. 12~16의 요령으로 **C** 실을 사용해 배색표대로 짠다. 남은 실은 10cm 정도로 잘라 비켜놓는다.

31. 12~16의 요령으로 **A** 실을 사용해 배색표대로 짠다. 남은 실은 10cm 정도로 잘라 비켜놓는다.

32. 12~17의 요령으로 마 실을 짠다. 남은 실은 10cm 정도로 잘라 비켜놓는다.

33. 잉아를 모두 빼고 못에 건 마 실을 잘라 나무틀을 떼어낸다. 마 실을 4줄씩 모아 밑부분에 매듭을 만든다. 아래쪽의 마 실도 같은 방법으로 처리한다.

34. 남은 위쪽의 마 실을 돗바늘에 끼워 올 안쪽으로 통과시키고 여분의 마 실을 자른다. 아래쪽의 마 실은 프린지와 어울려놓는다.

35. 비켜놓은 실을 돗바늘에 끼워 올 안쪽으로 통과시키고 여분의 실을 자른다.

36. 50cm로 자른 **A** 실을 돗바늘에 끼워 실 끝을 매듭짓는다. 위쪽에 나뭇가지를 꿰맨다.

37. 남은 실은 꿰맨 실에 감아 묶고 실 끝을 안쪽으로 빼낸다.

38. 로프를 풀고 프린지 길이를 가지런히 잘라 완성한다.

■ = 마 실
■ = Frosted Yellow
■ = Sandy Ecru
■ = Early Dew
■ = 팬시 얀
■ = 털실
■ = 로프

WORKS 004　후킹 클러치 백 …P9

Designed by Noriko Misumi

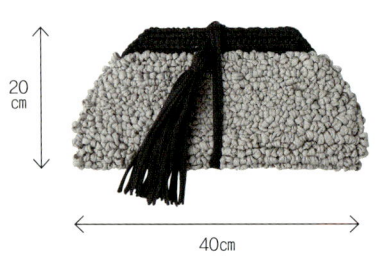

20cm / 40cm

재료
훅트 즈파게티
A Grey … 1개
B Dark Grey … 1개
하마나카 아미아미 비틀 네트
(H200-294) … 40×40cm

도구
8mm 코바늘
돗바늘
가위
바느질 실
자

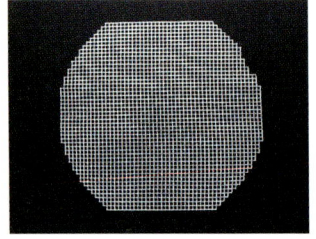

1　P35의 '네트 자르는 법'대로 네트를 자른다.

2　위에서 6단째의 오른쪽 끝 칸에 코바늘을 넣어 코바늘의 끝에 A 실을 건다.

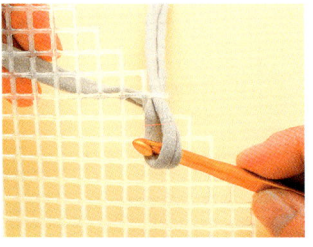

3　건 실을 2cm 정도 빼내어 고리를 만든다.

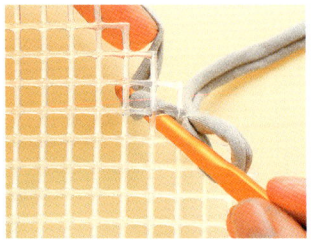

4　옆 칸에 코바늘을 넣어 코바늘의 끝에 A 실을 건다.

5　건 실을 2cm 정도 빼내어 고리를 만든다.

6　2~4를 반복하여 아래에서 6단째까지 고리로 메운다.

7　B 실을 돗바늘에 끼워 위에서 5단째의 오른쪽 끝 칸에 끼우고 아래에서 위로 실을 통과시킨다.

8　1칸에 2회씩 실을 통과시켜 1단째까지 실을 감는다.

9　1단째의 위쪽은 1칸에 1회씩 실을 통과시킨다. 왼쪽 옆은 1칸에 2회씩 감는다.

10　네트의 아웃라인을 감은 다음 5단째의 칸을 오른쪽 방향으로 감는다.

11　5단째가 메워지면 4단째의 칸을 왼쪽 방향으로 감는다.

12　10~11을 반복하여 1단째까지 감는다.

HOW TO MAKE

13 시작과 마지막의 실은 돗바늘에 끼워 네트의 안쪽 실에 끼운다.

14 실을 당겨 여분의 실을 자른다.

15 반대쪽도 7~14의 요령으로 감는다.

16 15를 안끼리 맞닿게 반으로 접어 양옆을 A 실로 감아 백을 완성한다.

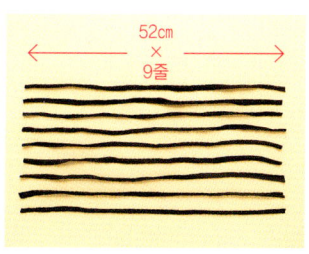

17 다음은 태슬을 만든다. 먼저 B 실을 52㎝×9줄로 자른다.

18 17을 하나로 모아 중심을 바느질 실로 단단히 옭매듭 한다.

19 B 실을 120㎝로 잘라 실 끝을 묶는다.

20 19에 18을 끼우고 19의 매듭을 숨겨 반으로 접는다.

21 B 실을 50㎝ 정도로 잘라 술의 위에서 3㎝인 곳을 감아 옭매듭 한다. 매듭의 위가 된 실은 매듭 옆에서 자른다.

22 매듭의 아래가 된 실은 술에 어울려 넣고 술의 실 끝을 가지런히 자른다.

네트 자르는 법

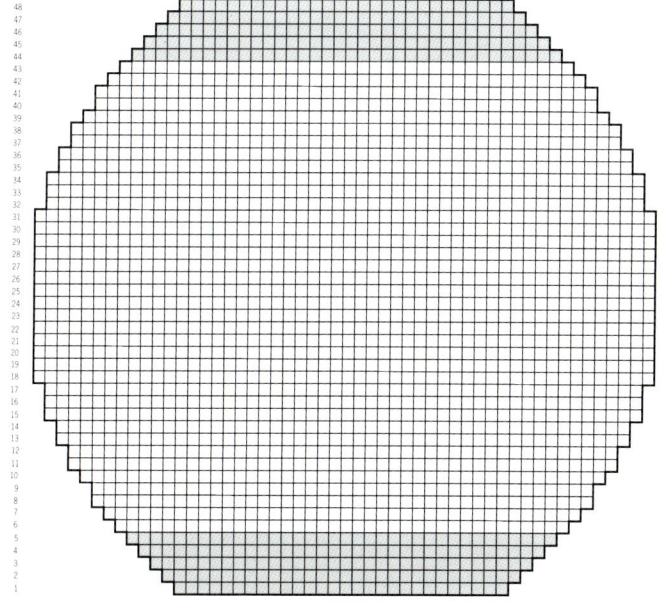

23 태슬의 스트랩을 백의 1단째 중앙에 끼워 스트랩의 고리에 태슬을 통과시킨다.

24 통과시킨 태슬을 당긴다. 백에 스트랩을 감아 완성한다.

WORKS 012 네 줄 땋기 팔찌 ...P16

Designed by KITTUN ASWADU

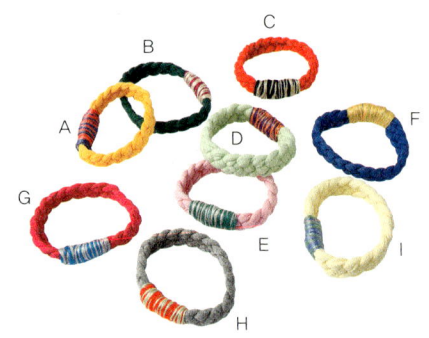

완성 사이즈 : 지름 6×폭 1.5cm

재료

- A 훅트 즈파게티 Yellow ··· 35cm×4줄
  DMC 25번 자수실(893, 3838) ··· 각 180cm
- B 훅트 즈파게티 Green ··· 35cm×4줄
  DMC 25번 자수실(718, 948) ··· 각 180cm
- C 훅트 즈파게티 Red ··· 35cm×4줄
  DMC 25번 자수실(823, 3047) ··· 각 180cm
- D 훅트 즈파게티 Mint Green ··· 35cm×4줄
  DMC 25번 자수실(3341, 3837) ··· 각 180cm
- E 훅트 즈파게티 Pink ··· 35cm×4줄
  DMC 25번 자수실(943, 3866) ··· 각 180cm
- F 훅트 즈파게티 Blue ··· 35cm×4줄
  DMC 25번 자수실(772, 3855) ··· 각 180cm
- G 훅트 즈파게티 Fuchsia ··· 35cm×4줄
  DMC 25번 자수실(3743, 3844) ··· 각 180cm
- H 훅트 즈파게티 Grey ··· 35cm×4줄
  DMC 25번 자수실(606, 3819) ··· 각 180cm
- I 훅트 즈파게티 Yellow ··· 35cm×4줄
  DMC 25번 자수실(563, 3839) ··· 각 180cm

도구

가위
자
마스킹 테이프
바느질 바늘
바느질 실

1 4줄의 실을 마스킹 테이프로 책상에 고정한다. 파란색을 흰색 위에 놓고 검은색 아래를 지나 녹색 위에 놓는다(여기서는 이해하기 쉽게 4가지 색으로 설명한다).

2 흰색을 검은색 위에 놓고 녹색 아래를 지나 파란색 위에 놓는다.

3 검은색을 녹색 위에 놓고 파란색 아래를 지나 흰색 위에 놓는다.

4 녹색을 파란색 위에 놓고 흰색 아래를 지나 검은색 위에 놓는다.

5 이것으로 하나의 과정이 끝났다. 꽉 조이며 땋는다.

6 1~5를 반복하여 손목 둘레보다 조금 길게(약 20cm) 땋는다.

7 땋기 시작과 마지막을 겹쳐 2가닥의 바느질 실로 꿰맨다.

8 실을 2cm 정도로 잘라 펼치고 7의 이음매가 보이지 않게 감아 2가닥의 바느질 실로 꿰맨다.

9 두 가지 색의 자수실을 가지런히 하여 매듭을 짓는다. 8에서 감은 실의 안쪽에서 바늘을 빼내 8의 실 위에 감는다.

10 다 감으면 8에서 꿰맨 실을 한 땀 떠서 매듭을 짓고 감은 실 안쪽으로 매듭을 넣어 완성한다.

WORKS 021 리메이크 꽃병 ...P24-25

Designed by Noriko Misumi

재료

A 훅트 즈파게티
　Dark Grey … 100cm
　훅트 리본XL
　Early Dew(46) … 300cm
　병(지름 5×높이 13.5cm) … 1개

B 훅트 리본XL
　Frosted Yellow(45) … 80cm
　Early Dew(46) … 100cm
　병(지름 3×높이 9cm) … 1개

C 훅트 즈파게티
　Green … 조금
　훅트 리본XL
　Frosted Yellow(45) … 650cm
　병(지름 8×높이 17cm) … 1개

D 훅트 리본XL
　Early Dew(46) … 100cm
　훅트 리본XL
　Iced Apricot(47) … 300cm
　병(지름 5×높이 13.5cm) … 1개

도구 (공통)

가위　양면테이프　목공용 본드

1　병을 깨끗이 닦아 세로로 4줄 양면테이프를 붙인다.

2　1에서 붙인 양면테이프의 종이를 벗겨 이번엔 가로로 3줄 양면테이프를 붙인다.

3　2에서 붙인 양면테이프의 종이를 벗겨 위부터 실을 감는다. 시작 부분은 실 끝이 보이지 않게 겹쳐 감는다.

4　빈틈이 생기지 않게 감는다.

5　실을 바꿀 때는 실 끝이 보이지 않게 겹쳐 감는다.

6　병 아래까지 감으면 실을 비스듬히 자른다. 자른 끝에 본드를 발라 완성한다.

WORKS 022 리메이크 바스켓 ...P24-25

Designed by Noriko Misumi

재료

훅트 즈파게티
A Mix(그레이) … 1개
B Red … 3m
와이어 바스켓
(지름 18.5×높이 8cm) … 1개

도구

가위　돗바늘

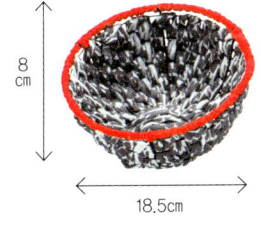

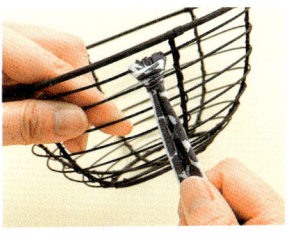

1　A 실 2m 정도를 반으로 접어 바스켓 망에 끼우고 실 고리에 실 끝을 통과시켜 조인다.

2　바스켓 망에 번갈아서 실을 끼운다.

3　1~2를 반복하여 방사 모양으로 실을 끼워 바스켓 전체를 메운다.

4　B 실을 돗바늘에 끼워 바스켓 테두리를 감는다. 시작 부분의 실이 보이지 않게 감는다.

5　마지막엔 실을 테두리에 감은 실에 끼우고 여분의 실을 잘라 완성한다.

ARRANGE

바스켓의 테두리와 세로 라인만 실로 감아 포인트를 주는 방법도 있다. 적은 양의 실로도 완성할 수 있어 실을 재활용하는 데 안성맞춤이다.

WORKS 029 마크라메 화분 걸이 ...P29

Designed by Iyo Yamamoto(schole)

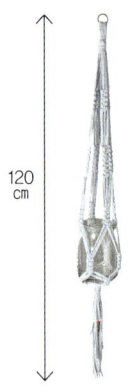

재료

훅트 즈파게티 Grey … 1개
지름 3cm 링 … 1개

도구

가위
송곳
마스킹 테이프
줄자

1. 실을 4m×8줄로 잘라 링에 끼워 반으로 접는다(여기서는 이해하기 쉽게 4가지 색으로 설명한다).

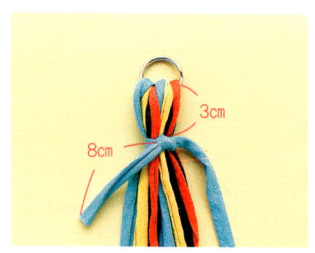

2. 실을 50cm 정도로 잘라 술의 위에서 3cm인 곳을 묶는다. 이때 한쪽 실을 8cm 정도 남겨놓는다.

3. 2의 매듭이 보이지 않게 긴 쪽의 실을 술에 감는다. 3cm 정도 감은 다음 실 끝을 묶는다.

4. 감은 실의 안쪽으로 송곳을 이용해 매듭을 넣어 여분의 실을 자른다.

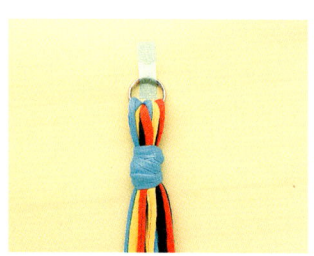

5. 마스킹 테이프로 링을 책상에 고정한다.

6. 4줄의 실로 4에서 감은 실의 10cm 아래에 평매듭을 한다(P39의 묶는 법 참조).

7. 이어서 다시 3회 평매듭을 한다.

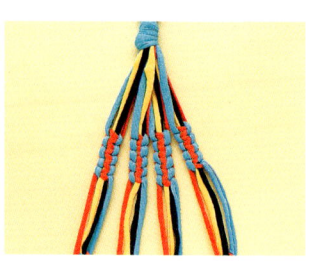

8. 6~7을 반복하여 4줄씩 4세트로 나눈다.

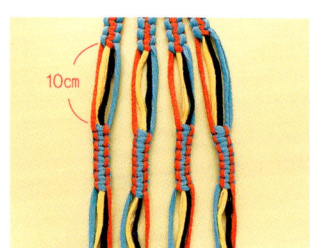

9. 2단째는 8의 매듭 10cm 아래에 6~8의 요령으로 6회씩 평매듭을 한다.

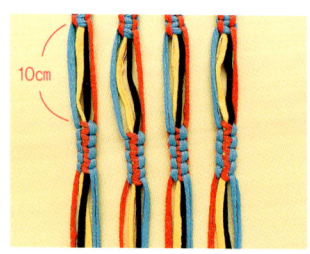

10. 3단째는 9의 매듭 10cm 아래에 6~8의 요령으로 4회씩 평매듭을 한다.

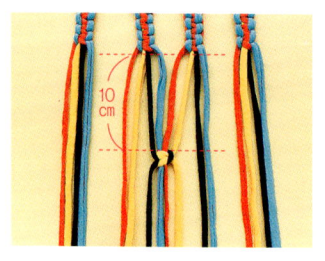

11. 4단째는 이웃하는 실 4줄로 10의 매듭 10cm 아래에 평매듭을 한다.

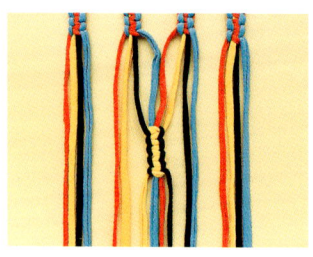

12. 이어서 다시 3회 평매듭을 한다.

HOW TO MAKE

13　11~12를 반복하여 4줄씩 3 세트로 나눈다

14　13을 안쪽으로 뒤집어 남은 4줄로 오른손에 빨간색과 노란색, 왼손에 파란색과 녹색의 실을 쥐고 10의 매듭 10cm 아래에 평매듭을 한다.

15　이어서 다시 3회 평매듭을 한다.

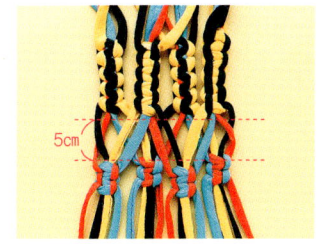

16　11~15의 요령으로 15의 매듭 5cm 아래에 2회씩 평매듭을 한다.

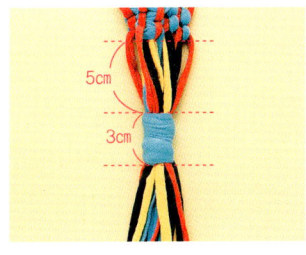

17　16의 매듭 5cm 아래에 2~4의 요령으로 실을 3cm 정도 감는다.

18　태슬 부분을 원하는 길이로 잘라 완성한다.

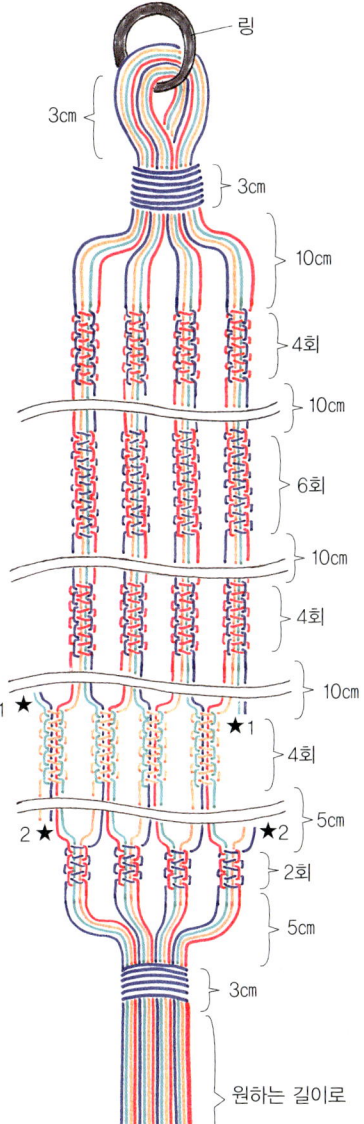

도안

- 링
- 3cm
- 3cm
- 10cm
- 4회
- 10cm
- 6회
- 10cm
- 4회
- 10cm
- 1★　★1
- 4회
- 2★　★2
- 5cm
- 2회
- 5cm
- 3cm
- 원하는 길이로

묶는 법(평매듭)

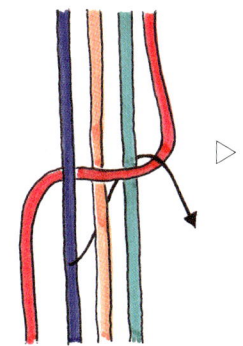 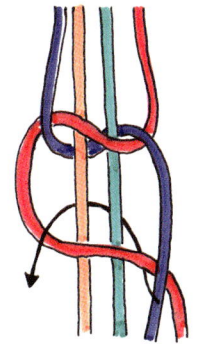 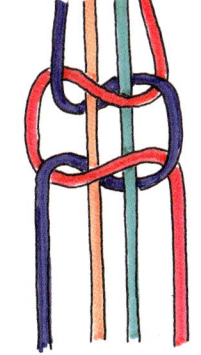

빨간색 실을 녹색과 노란색 위로 지나 파란색 실 아래로 통과시키고, 파란색 실을 노란색과 녹색 아래로 지나 빨간색 위로 통과시킨다.

빨간색 실을 노란색과 녹색 위로 지나 파란색 실 아래로 통과시키고, 파란색 실을 녹색과 노란색 아래로 지나 빨간색 위로 통과시킨다.

빨간색과 파란색 실을 힘껏 당긴다. 이것으로 평매듭 1회 완성

TASSEL

태슬 만드는 법

완성 사이즈 13cm의 태슬 만드는 법을 소개한다. 랍스터 고리를 달 경우, 과정 2에서 실(b)을 묶을 때 랍스터 고리를 끼워놓는다.

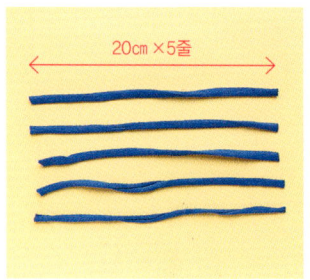

1 실(a)을 20cm×5줄로 자른다.

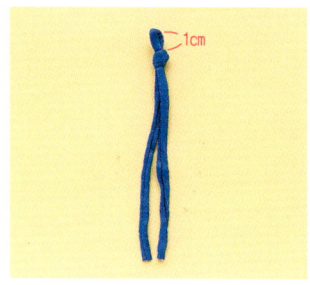

2 30cm로 자른 실(b)을 반으로 접어 위에서 1cm인 곳을 묶는다.

3 1을 하나로 모아 중심을 2로 단단히 묶고 매듭을 숨겨 반으로 접는다.

4 실(c)을 25cm로 잘라 술의 위에서 1cm인 곳을 3회 감아 묶는다.

5 옭매듭을 하여 매듭의 위가 된 실은 매듭 옆에서 자른다.

6 매듭의 아래가 된 실은 술에 어울려 넣고 술의 실 끝을 가지런히 잘라 완성한다.

FRINGE

프린지 다는 법

클러치 백의 플랩에 프린지 다는 법을 소개한다. 실의 개수와 길이는 작품에 맞게 조정한다.

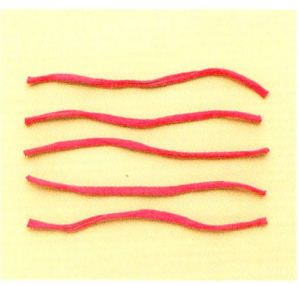

1 클러치 백의 작품에 맞게 필요한 개수와 길이로 실을 준비한다.

2 플랩의 안쪽에서 코바늘을 넣고 1의 실을 반으로 접어 건다.

3 실을 빼낸다.

4 빼낸 실의 고리에 실 끝을 통과시킨다.

5 실의 양 끝을 당겨 플랩에 묶는다.

6 2~5를 반복하여 완성한다.

WORKS
001 벨트 클러치 백 —P6

Designed by R*oom

재료와 도구

실	훅트 즈파게티 Mix(흰색에 오렌지, 그린) …1개
기타	벨트용 가죽 6×43cm 초실(왁스 코드)
바늘	10mm 코바늘 돗바늘
게이지	짧은뜨기 5.7코 6.3단이 사방 10cm

만드는 법 실은 1가닥으로 뜬다.

①본체의 옆면을 뜬다. 사슬뜨기 16코로 시작코를 만들어 원형으로 짧은뜨기하여 34코를 주워 12단째까지 뜬다. 이어서 플랩을 25단째까지 왕복하여 뜬다.
②벨트에 구멍을 내어 본체에 꿰맨다.

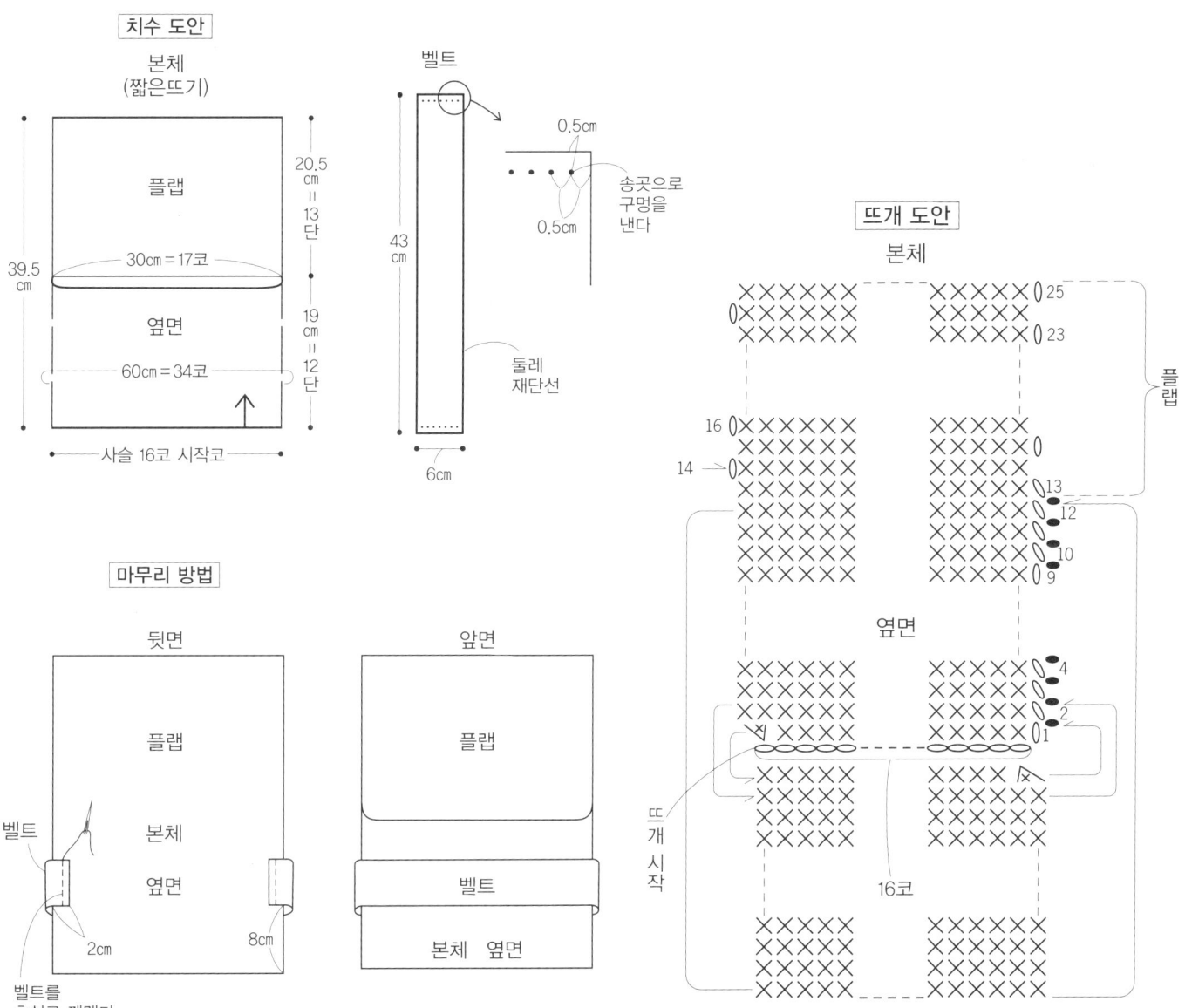

WORKS
002 네이티브 무늬 클러치 백 —P7

Designed by gemelli

재료와 도구

- 실: 훅트 즈파게티
  Beige … 1/2개 Black … 1/4개
- 기타: 본체 안감·포켓용 천 82×29.5cm
  접착심지 63×29.5cm
  길이 35cm 지퍼 … 1개
  1cm 폭 바이어스테이프 19cm
  길이 3cm 랍스터 고리 … 1개
- 바늘: 10mm 코바늘 돗바늘
- 게이지: 짧은뜨기 7.6코 6.5단이 사방 10cm

만드는 법 실은 1가닥 지정된 색으로 뜬다.

① 본체를 뜬다. 사슬뜨기 19코로 시작코를 만들어 원형으로 짧은뜨기하여 40코를 줍는다(1단째). 앞면은 짧은뜨기의 배색무늬뜨기로 뜨고, 뒷면은 짧은뜨기로 3단째까지 코를 늘리며 뜨다가 4단째부터는 코의 증감 없이 뜬다. 19단째도 짧은뜨기를 한다.
② 속주머니를 만든다.
③ 태슬을 만든다.
④ 본체에 속주머니를 넣어 입구를 감침질한 다음 태슬을 단다.

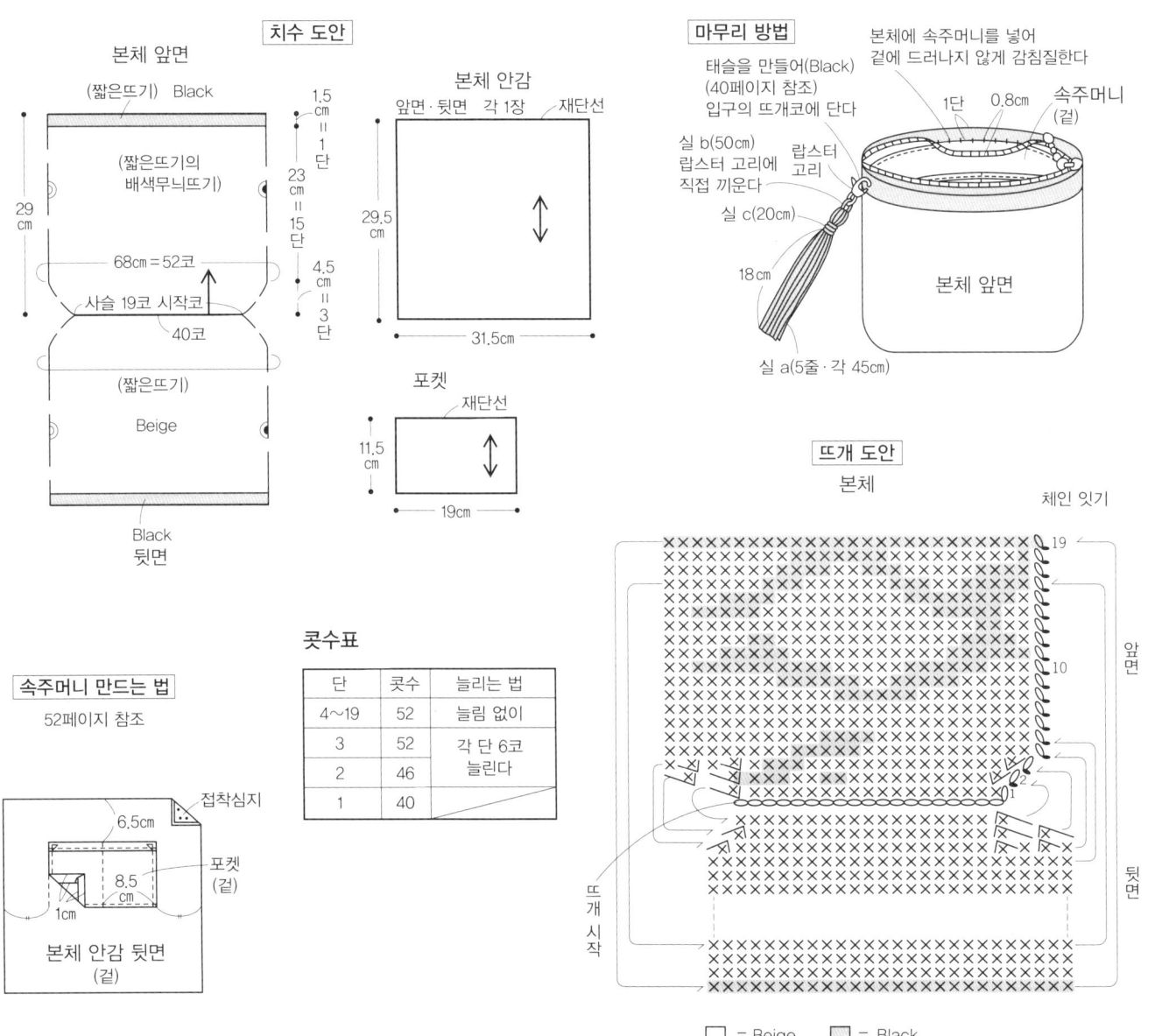

단	콧수	늘리는 법
4~19	52	늘림 없이
3	52	각 단 6코 늘린다
2	46	
1	40	

WORKS 003 보더 무늬 클러치 백 —P8

Designed by R*oom

재료와 도구

실 훗트 리본XL
Pearl White(28)
Powder Blue(44)
Frosted Yellow(45) … 각 1개
Light Grey(41) … 1/2개

기타 본체 안감용 천 35×52cm
길이 40cm 지퍼 … 1개
지름 0.8cm O링 … 1개
길이 3cm 랍스터 고리 … 1개

바늘 10mm 코바늘 돗바늘

게이지 짧은뜨기 8코 9.8단이 사방 10cm

만드는 법 실은 1가닥 지정된 색으로 뜬다.

① 본체를 뜬다. 사슬뜨기 28코로 시작코를 만들어 원형으로 58코를 줍는다. 짧은뜨기로 24단째까지 뜨고 25단째는 빼뜨기를 한다.
② 속주머니를 만든다.
③ 태슬을 만든다.
④ 본체에 속주머니를 넣어 입구를 감침질한 다음 태슬을 단다.

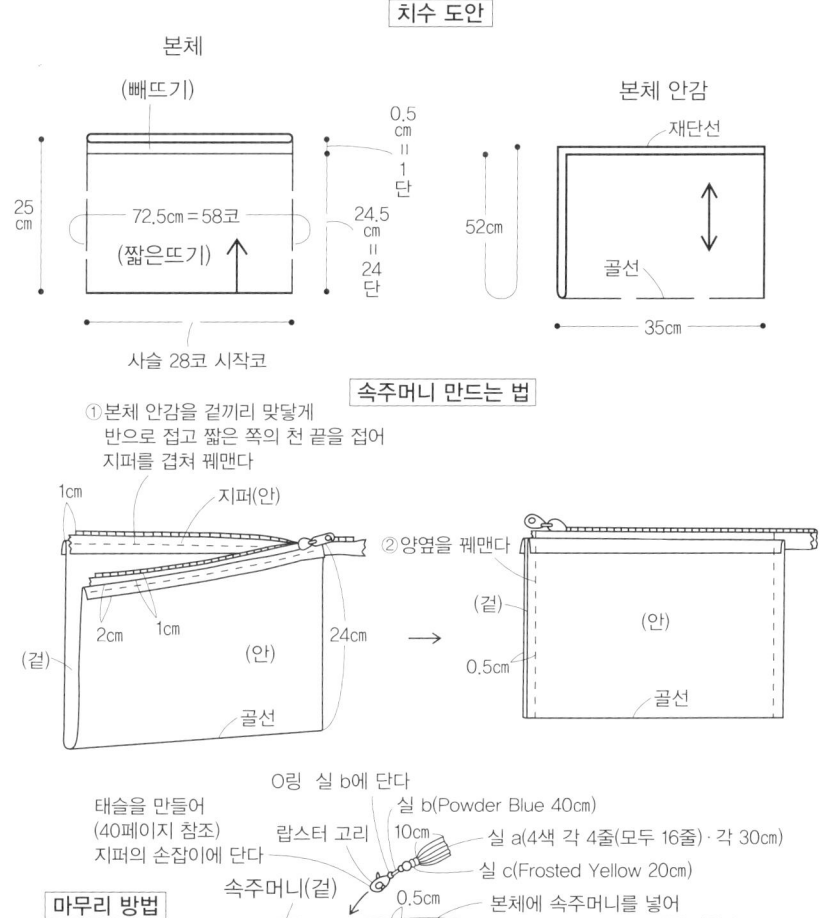

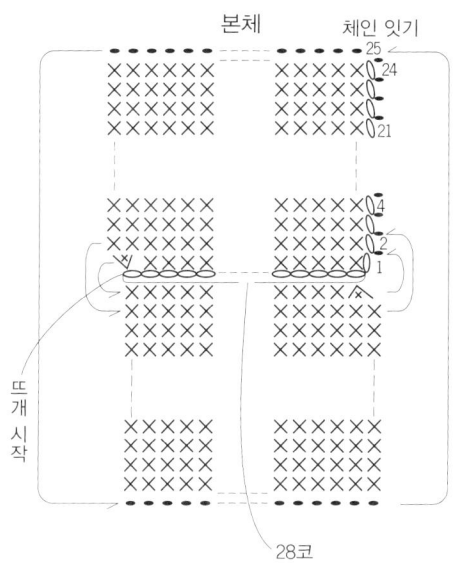

배색표

단	색
21~24・빼뜨기	Frosted Yellow
18~20	Pearl White
17	Light Grey
15・16	Powder Blue
11~14	Frosted Yellow
10	Light Grey
9	Powder Blue
5~8	Pearl White
4	Light Grey
시작코・1~3	Powder Blue

WORKS 005 체인 클러치 백 —P10

Designed by KITTUN ASWADU

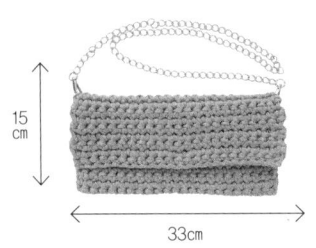

15 cm
33 cm

재료와 도구

실	훅트 즈파게티 Grey … 3/4개
기타	지름 2.1cm 똑딱단추 … 1쌍
	길이 110cm 랍스터 고리 달린 어깨끈 … 1개
	스톨 핀(44페이지),
	와펜 브로치(45페이지)
바늘	10mm 코바늘 돗바늘
게이지	짧은뜨기 6.7코 8단이 사방 10cm

만드는 법 실은 1가닥으로 뜬다.

①본체를 옆면, 플랩의 순서로 이어서 뜬다. 사슬뜨기 22코로 시작코를 만들어 짧은뜨기로 34단을 왕복하여 뜬다.
②옆면을 반으로 접어 양옆을 꿰맨다.
③똑딱단추를 단다.

치수 도안

본체
(짧은뜨기)

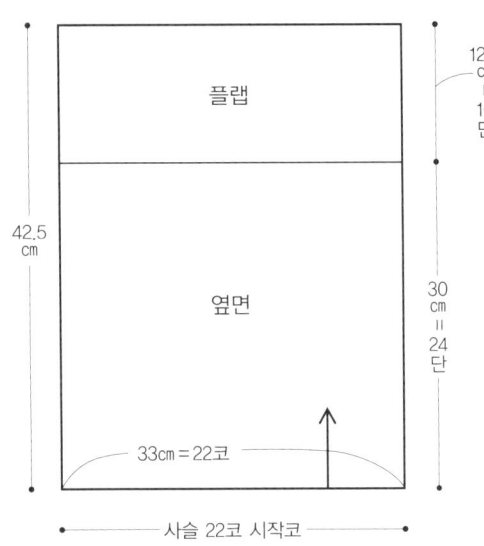

플랩
옆면

42.5 cm
12.5 cm = 10단
30 cm = 24단
33cm = 22코
사슬 22코 시작코

뜨개 도안 본체

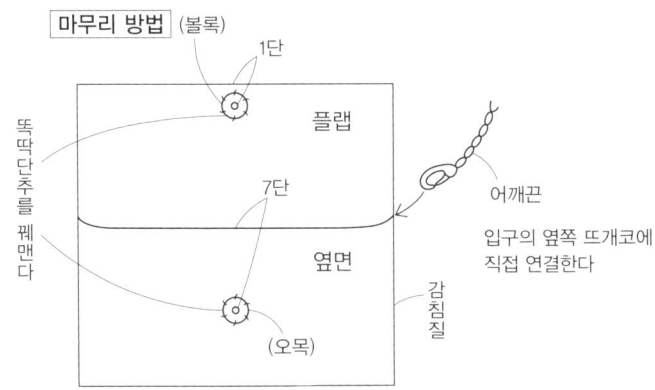

34
31
4
2 ← 1
22코

마무리 방법

(볼록)
1단
플랩
7단
옆면
똑딱단추를 꿰맨다
(오목)
감침질
어깨끈
입구의 옆쪽 뜨개코에 직접 연결한다

WORKS 007 천연석 스톨 핀 —P10

Designed by horieee

재료

지름 0.4~0.8cm 천연석 비즈 … 6개 정도
지름 0.3cm 천연석 비즈 … 10개 정도
길이 7cm 샤워 해트핀대 … 1개
그리핀 실 … 적당량

도구

본드
가위
펜치

만드는 법

①비즈를 그리핀 실로 해트핀의 샤워대에 고정한다.
②비즈를 모두 고정하면 안쪽에서 처음과 마지막의 실을 옭매듭 하고 여분의 실을 잘라 매듭에 본드를 바른다.
③②를 해트핀에 끼우고 펜치로 핀대를 조여 고정한다.

WORKS 006 자수 와펜 브로치 —P10

Designed by horieee

재료 (1개분)

천…15×15cm 길이 2cm 브로치 금속 … 1개

삼각형	DMC 25번 자수실 (758, 922, 3813, 3814, 3816, E168) … 각 적당량 지름 0.3cm 실버 비즈 … 29개 펠트 4×5.5cm
오각형	DMC 25번 자수실 (309, 3809, E168) … 각 적당량 지름 0.3cm 실버 비즈 … 22개 펠트 4×4cm
정삼각형	DMC 25번 자수실(53, E168) … 각 적당량 지름 0.3cm 실버 비즈 … 5개 펠트 4×4cm

도구 (공통)

도안 베끼는 마커　　가위
소프트 트레이싱페이퍼　올 풀림 방지액
지름 10cm 자수틀　　목공용 본드
자수바늘, 바느질 바늘

만드는 법

① 마커와 소프트 트레이싱페이퍼로 도안을 천에 베낀다.
② ①의 천을 자수틀에 끼운다.
③ 도안대로 수를 놓고 비즈를 꿰맨다.
④ 수놓은 곳에서 1.5cm 정도 바깥쪽을 자르고 자수 둘레에 올 풀림 방지액을 바른다.
⑤ 올 풀림 방지액이 완전히 마르면 둘레를 0.3cm 정도 남기고 자른다.
⑥ 펠트 중심에 브로치 금속을 꿰맨다.
⑦ ⑤의 안쪽 면 전체에 본드를 발라 ⑥의 펠트를 붙인다.
⑧ 본드가 완전히 마르면 튀어나온 펠트를 자른다.

도안

※( ) 안 숫자는 실 가닥수

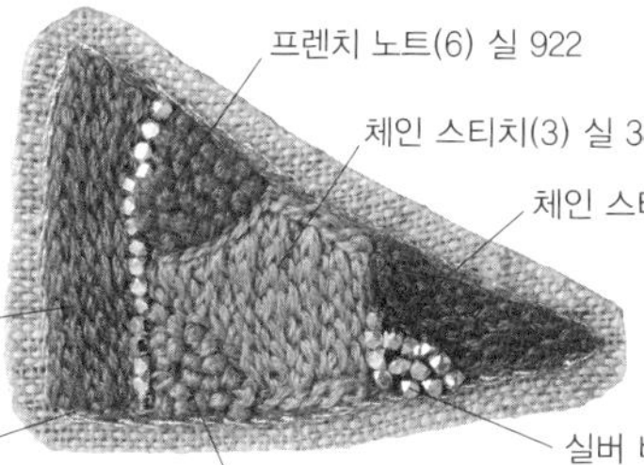

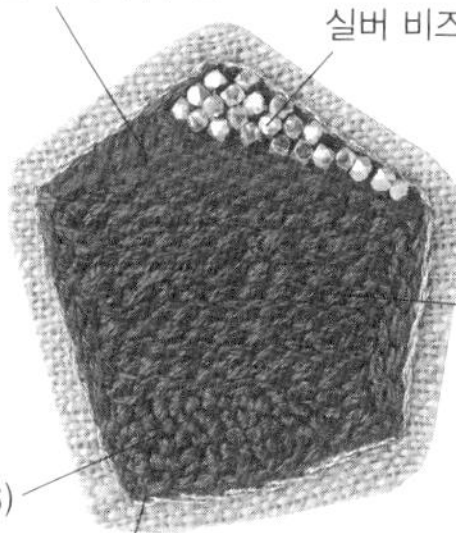

프렌치 노트(6) 실 922
체인 스티치(3) 실 3813
체인 스티치(3) 실 3814
체인 스티치(3) 실 3816
실버 비즈
프렌치 노트(6) 실 758

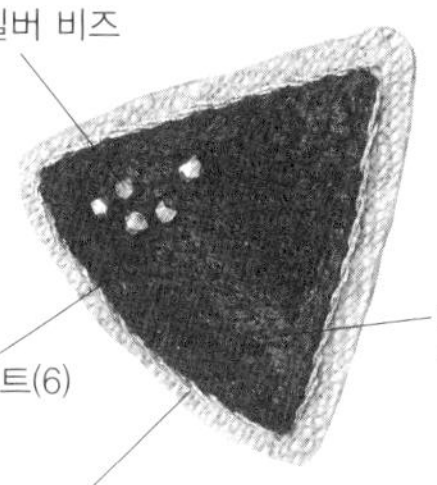

[테두리]
아웃라인 스티치(1) 실 3816
아웃라인 스티치(1) 실 E168

실버 비즈
체인 스티치(3) 실 53
프렌치 노트(6) 실 53

[테두리]
아웃라인 스티치(1) 실 53
아웃라인 스티치(1) 실 E168

체인 스티치(3) 실 309
실버 비즈
체인 스티치(3) 실 3809
프렌치 노트(6) 실 3809

[테두리]
아웃라인 스티치(1) 실 3809
아웃라인 스티치(1) 실 E168

실물 크기 패턴

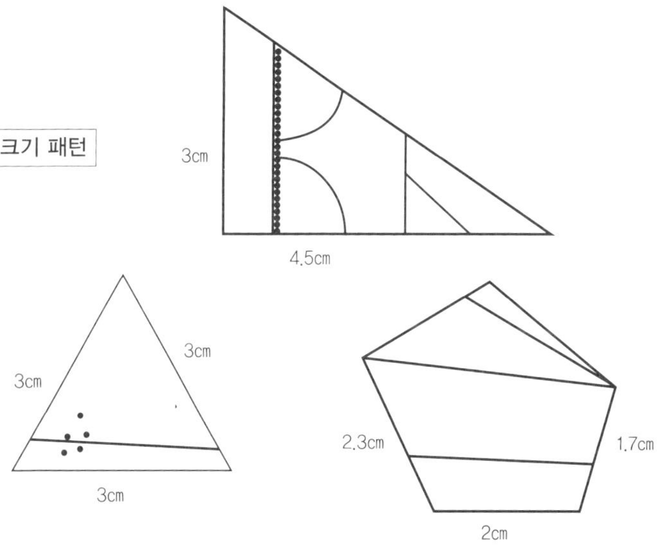

3cm / 4.5cm
3cm / 3cm / 3cm
2.3cm / 1.7cm / 2cm

〈프렌치 노트 스티치〉

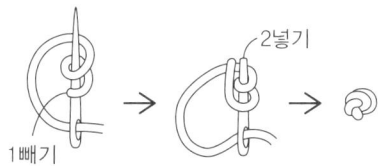

〈아웃라인 스티치〉

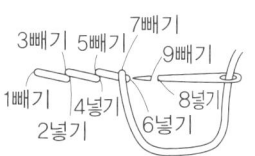

〈체인 스티치〉

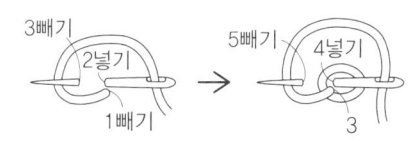

WORKS 008 반다나 클러치 백 —P11

Designed by FUNNY BUNNY

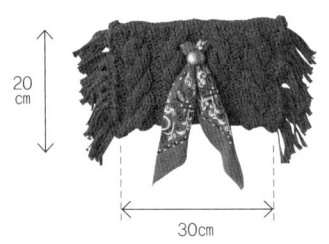

재료와 도구

실	훅트 리본XL Royal Blue(29) … 1/2개
기타	지름 3cm 콘초*(다리 달린 타입) … 1개 지름 1.9cm 자석 단추(다리 달린 타입) … 1쌍 선호하는 반다나 … 1장
바늘	10mm · 15호 대바늘 2개 돗바늘
게이지	밧줄(케이블)뜨기 13코 16단이 사방 10cm

*콘초: 금속 장식 단추

만드는 법   실은 1가닥으로 뜬다.

① 본체를 뜬다. 손가락에 실을 거는 방법으로 39코의 시작코를 만들어 메리야스뜨기, 밧줄뜨기, 메리야스뜨기의 순서로 왕복하여 뜬다.
② 반으로 접어 양옆을 꿰맨다.
③ 자석 단추를 단다.
④ 입구를 접어 꿰맨다.
⑤ 프린지를 단다.
⑥ 반다나를 끼우고 콘초로 고정한다.

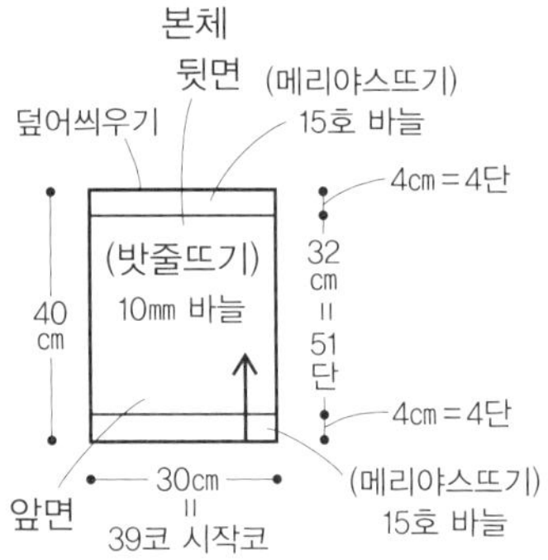

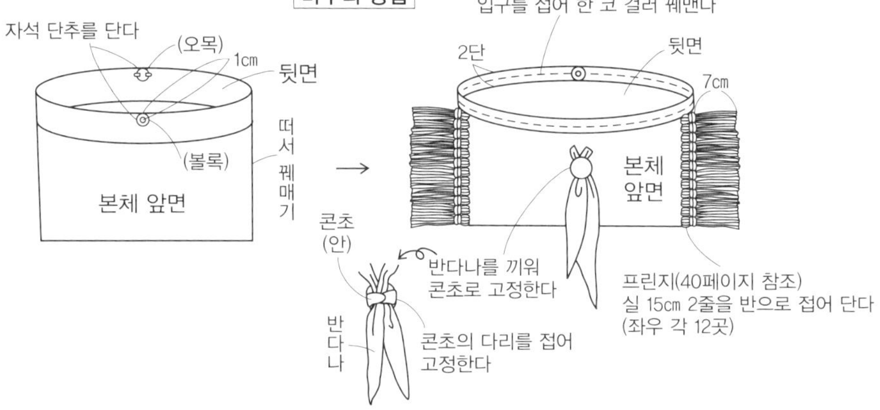

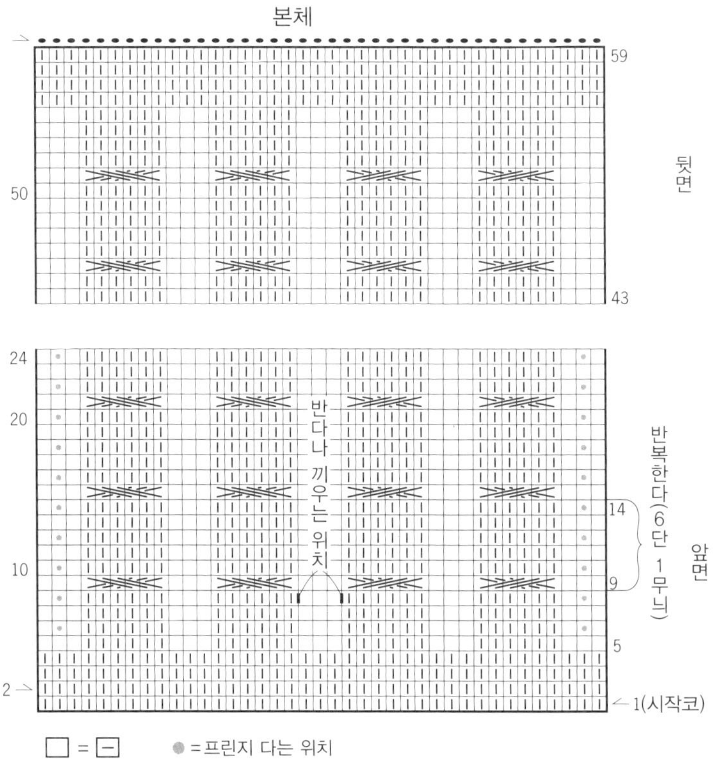

□ = ─   ● = 프린지 다는 위치

WORKS 009 프린지 클러치 백 —P12·13

Designed by gemelli

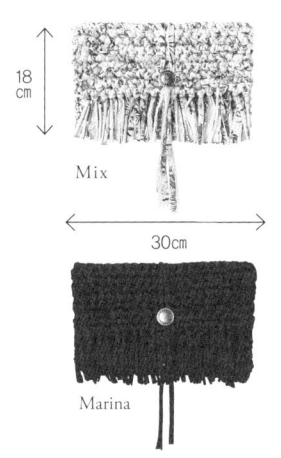

재료와 도구 (1개분)

- **실** 훅트 즈파게티
  Marina 또는 Mix(흰색×핑크) … 1개
- **기타** 지름 3cm 콘초 … 1개
- **바늘** 10mm 코바늘 돗바늘
- **게이지** 짧은뜨기 6.7코 7.2단이 사방 10cm

만드는 법 실은 1가닥으로 뜬다.

① 본체를 옆면, 플랩의 순서로 이어서 뜬다. 사슬뜨기 20코로 시작코를 만들어 짧은뜨기로 36단을 왕복하여 뜬다.
② 옆면을 반으로 접어 양옆을 꿰맨다.
③ 콘초에 실을 끼워 플랩에 묶는다.
④ 프린지를 단다.

치수 도안

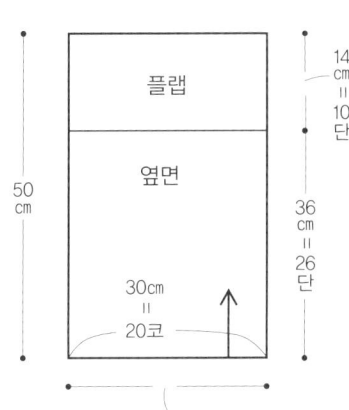

마무리 방법

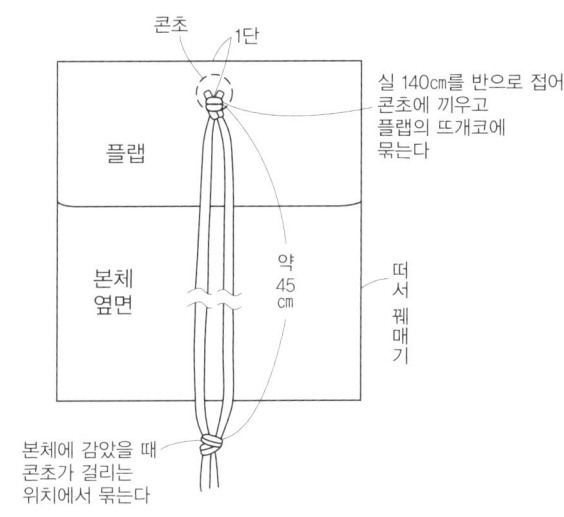

뜨개 도안

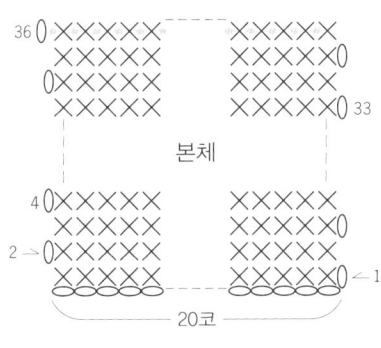

◉ = 프린지 다는 위치

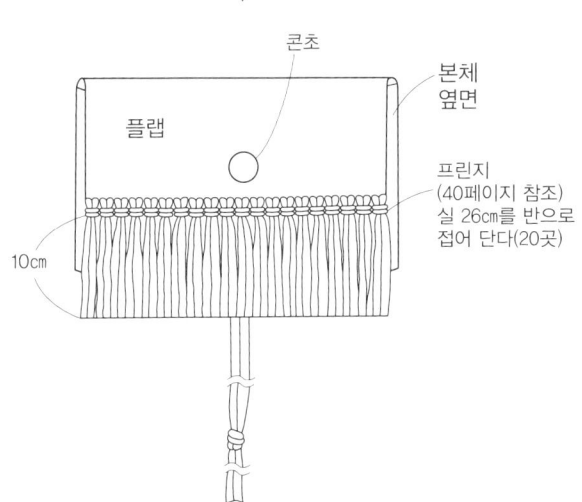

WORKS 010 리본 무늬 클러치 백 —P14

Designed by zena

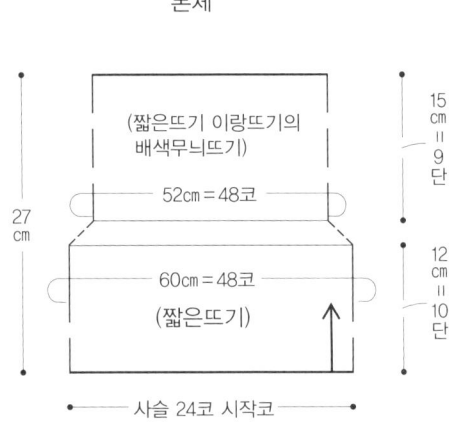

12cm × 30cm

재료와 도구

- **실**: 훅트 즈파게티 Beige … 1/2개
  훅트 리본XL Black Night(26) … 1/4개
- **기타**: 세로 2.7×가로 4.2cm 아크릴 장식 … 1개
  지름 3cm 자석 단추(꿰매는 타입) … 1쌍
- **바늘**: 8mm 코바늘 돗바늘
- **게이지**: 짧은뜨기 8코 8.3단이 사방 10cm
  짧은뜨기 이랑뜨기의 배색무늬뜨기
  9.2코 6단이 사방 10cm

만드는 법
실은 1가닥 지정된 색으로 뜬다.

①본체를 뜬다. 사슬뜨기 24코로 시작코를 만들어 원형으로 짧은뜨기하여 48코를 줍는다(1단째). 짧은뜨기로 10단째까지 뜨고, 짧은뜨기 이랑뜨기의 배색무늬뜨기로 19단째까지 뜬다(뜨개 모양이 비스듬해져 무늬의 시작이 기둥코 위치와 다르다).

②자석 단추와 아크릴 장식을 꿰맨다.

치수 도안
본체

- 27cm
- 15cm = 9단 (짧은뜨기 이랑뜨기의 배색무늬뜨기)
- 52cm = 48코
- 60cm = 48코 (짧은뜨기)
- 12cm = 10단
- 사슬 24코 시작코

뜨개 도안

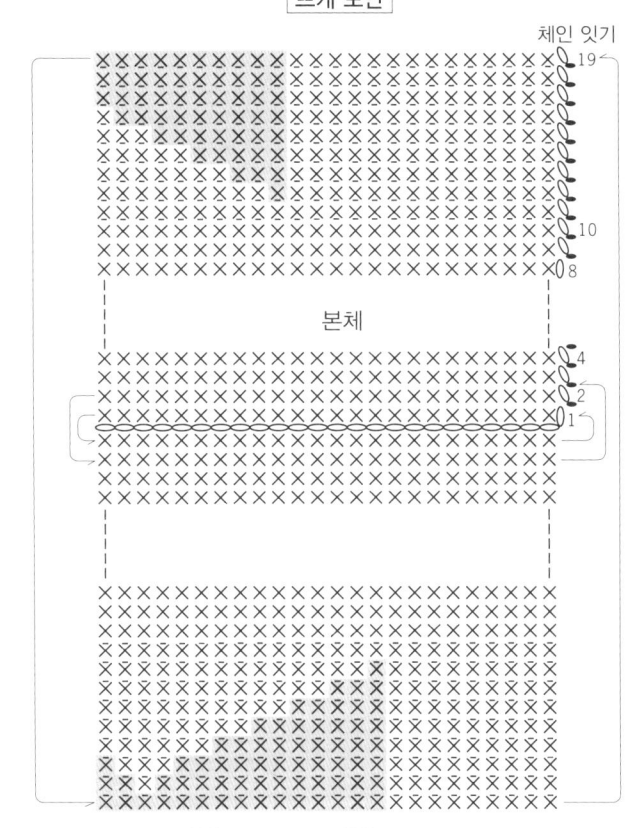

본체
체인 잇기
1, 2, 4, 8, 10, 19

□ = Beige
■ = Black
(매 단 새로 잇는다)

마무리 방법

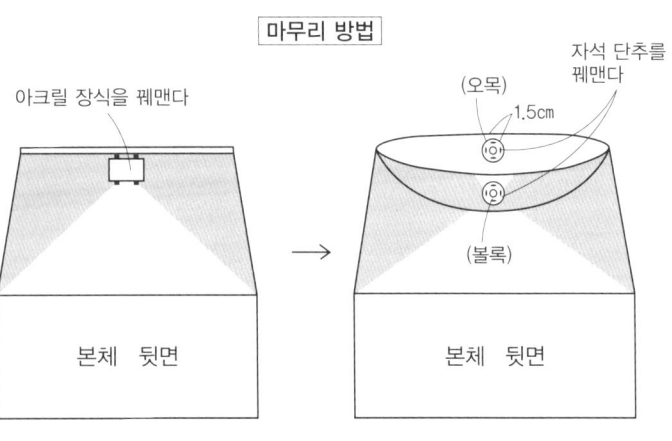

아크릴 장식을 꿰맨다
자석 단추를 꿰맨다
(오목) 1.5cm
(볼록)
본체 뒷면

WORKS 011 무늬 플랩 클러치 백 —P15

Designed by Masami Nagai

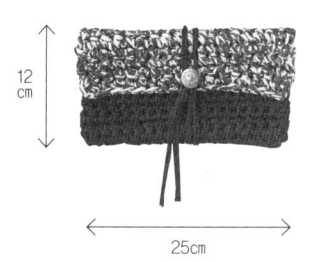

재료와 도구 (1개분)

- **실** 훅트 즈파게티
  Dark Blue … 1/2개
  Mix(흰색×그레이) … 1/4개
- **기타** 지름 2.2cm 단추 … 1개
- **바늘** 10mm 코바늘 돗바늘
- **게이지** 짧은뜨기 7.2코 8.3단이 사방 10cm

만드는 법 실은 1가닥 지정된 색으로 뜬다.

① 본체를 옆면, 플랩의 순서로 이어서 뜬다. 사슬뜨기 18코로 시작코를 만들어 짧은뜨기로 20단을 왕복하여 뜬다. 이어서 플랩을 8단 뜬다.
② 옆면을 반으로 접어 양옆을 꿰맨다.
③ 단추를 꿰맨다.
④ 플랩에 실을 끼워 묶는다.

치수 도안

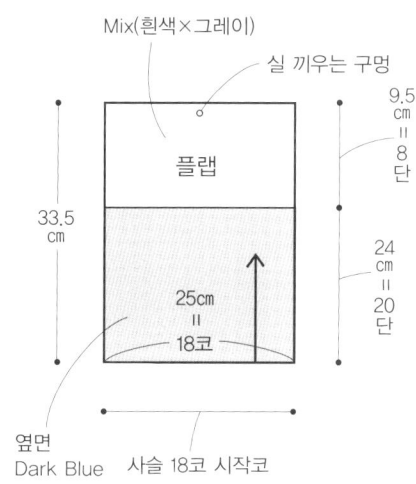

뜨개 도안

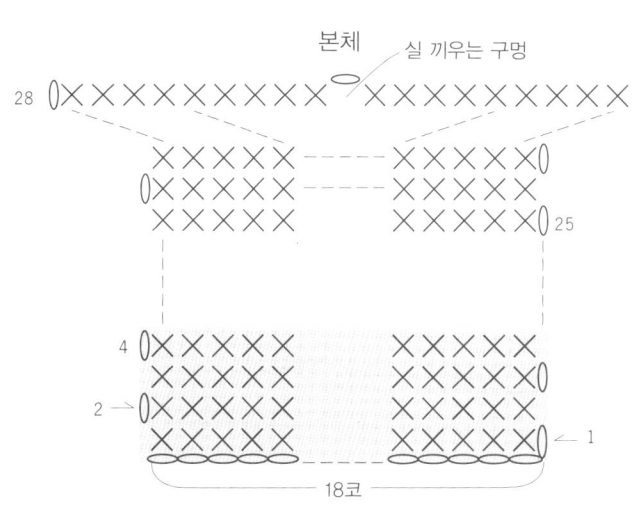

마무리 방법

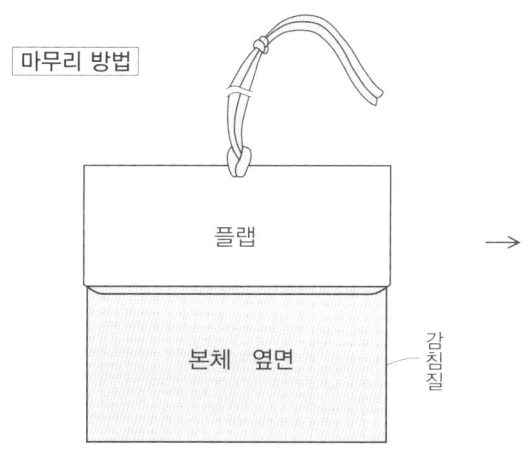

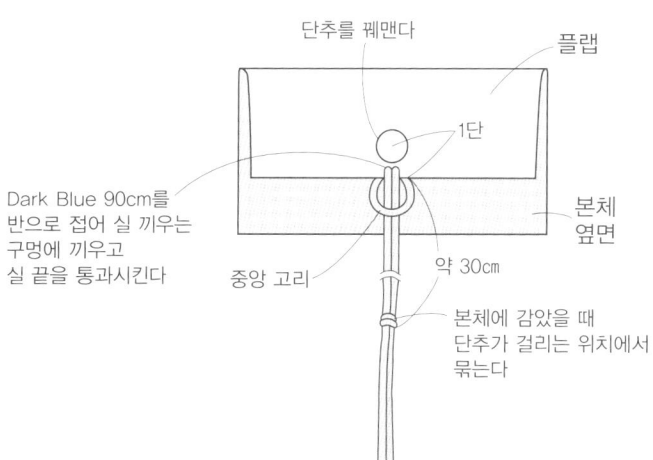

WORKS 013 매듭 목걸이 —P17

Designed by zena

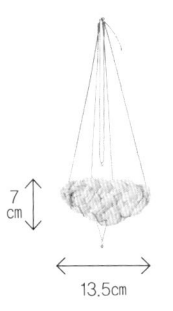

재료와 도구

- **실**: 훅트 즈파게티 Yellow ··· 1/8개
- **기타**: 체인(45cm, 70cm, 82cm) ··· 각 1줄
  지름 0.4cm 고리 달린 라인스톤 ··· 2개
  지름 0.3cm O링···2개 어저스터 ··· 1개
  클래스프 ··· 1개
- **바늘**: 돗바늘
- **도구**: 펜치 줄자

만드는 법

① 매듭 장식을 만든다. 실 3줄을 가지런히 하여 그림처럼 중앙에서 묶는다.
② 45cm와 70cm의 체인에 각각 고리 달린 라인스톤을 끼운다.
③ 매듭에 82cm의 체인을 끼운다.
④ 3줄의 체인 끝과 어저스터를 O링으로 연결한다. 다른 한쪽의 끝과 클래스프를 O링으로 연결해 완성한다.

매듭 장식 만드는 법

① 실 3줄(각 160cm)을 가지런히 하여 그림처럼 묶는다 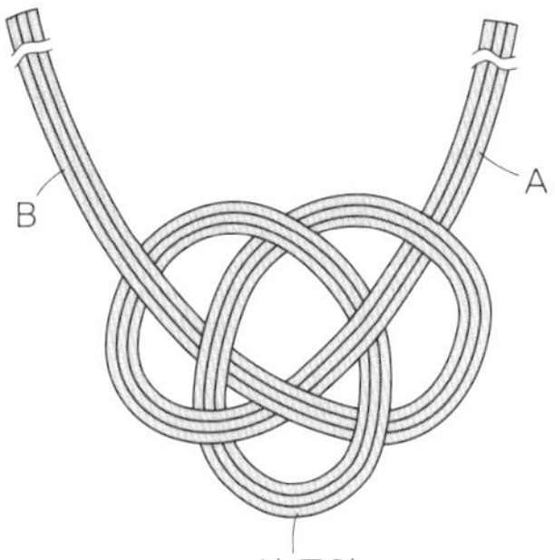
  실 중앙
② A·B 각각 고리를 만들어 화살표처럼 끼운다
  A를 위로 한다 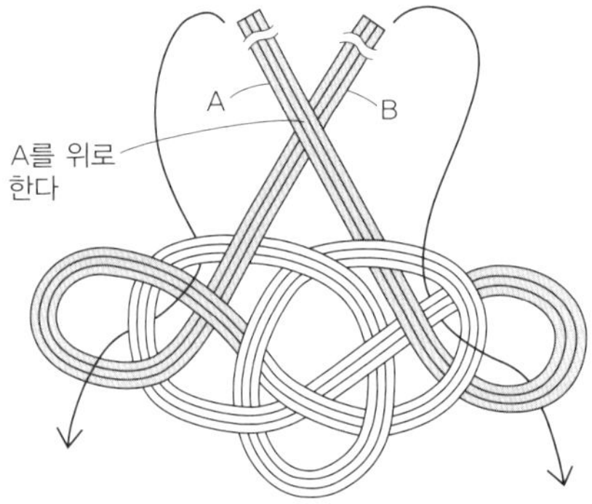
③ 실을 조여 모양을 정돈한다 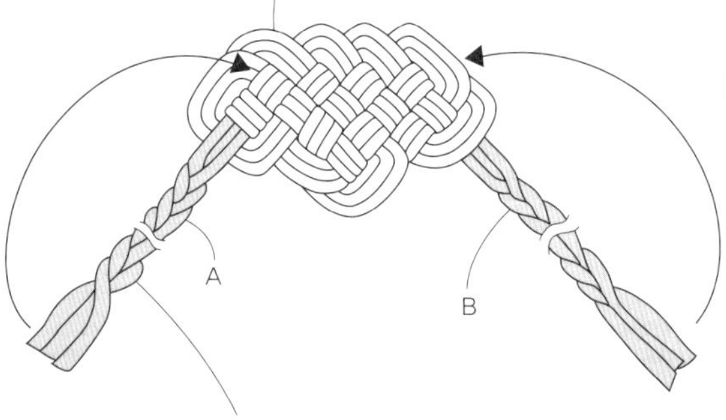
④ A·B를 각각 세 줄 땋기 하여 실 끝을 매듭에 통과시키고 여분의 실을 자른다
⑤ 완성

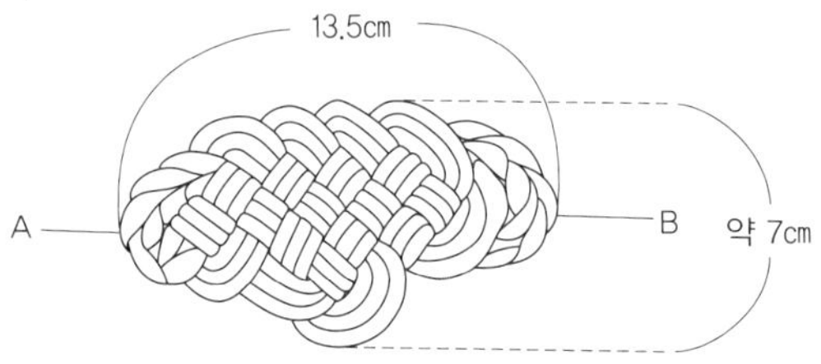

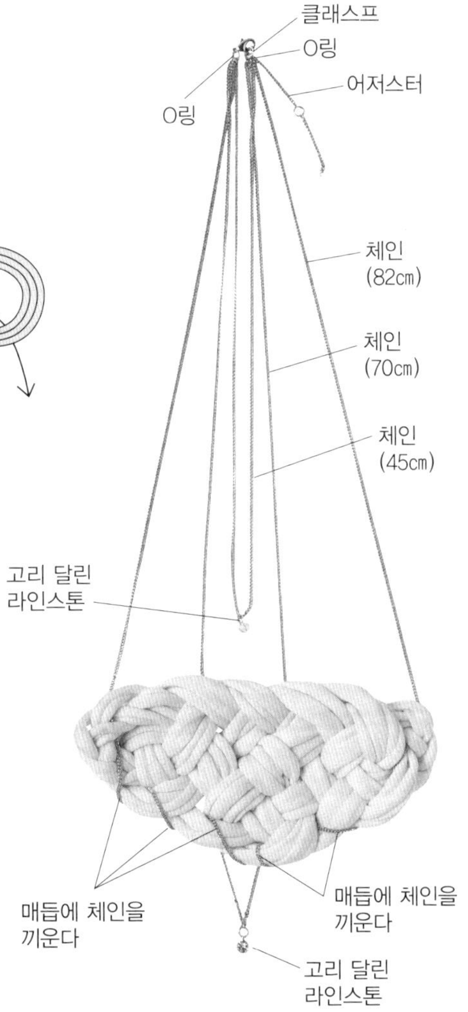

13.5cm
약 7cm

클래스프
O링
어저스터
O링
체인 (82cm)
체인 (70cm)
체인 (45cm)
고리 달린 라인스톤
매듭에 체인을 끼운다
매듭에 체인을 끼운다
고리 달린 라인스톤

WORKS 014 반원 플랩 클러치 백 —P18

Designed by Masami Nagai

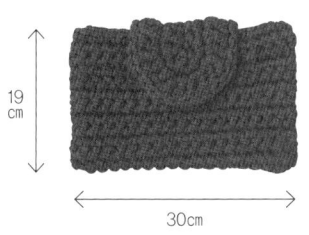

재료와 도구

- **실** 훅트 즈파게티 Green … 1개
- **기타** 지름 2cm 자석 단추(꿰매는 타입) … 1쌍
- **바늘** 10mm 코바늘 돗바늘
- **게이지** 짧은뜨기 6코 6.3단이 사방 10cm

만드는 법 실은 1가닥으로 뜬다.

① 본체를 뜬다. 사슬뜨기 18코로 시작코를 만들어 짧은뜨기로 24단을 왕복하여 뜬다.
② 플랩을 뜬다. 사슬뜨기 3코로 시작코를 만들어 짧은뜨기로 4단을 왕복하여 뜬다.
③ 본체를 반으로 접어 양옆을 꿰맨다.
④ 본체에 플랩을 단다.
⑤ 자석 단추를 단다.

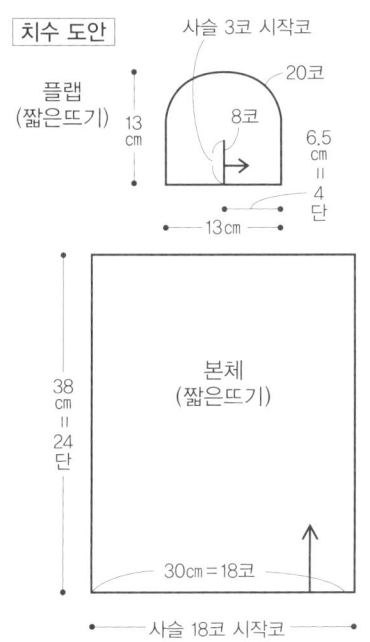

플랩의 콧수표

단	콧수	늘리는 법
4	20	각 단 4코 늘린다
3	16	
2	12	
1	8	

WORKS 015 기하학무늬 클러치 백 —P19

Designed by gemelli

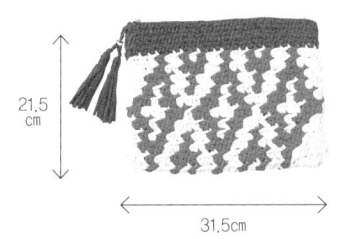

재료와 도구

- **실** 훅트 즈파게티 White · Fuchsia … 각 1/4개 Blue … 1/8개
- **기타** 본체 안감 · 포켓용 천 77×22cm
  접착심지 58×22cm
  길이 35cm 지퍼 … 1개
  1cm 폭 바이어스테이프 19cm
  길이 3cm 랍스터 고리 … 1개
- **바늘** 10mm 코바늘 돗바늘
- **게이지** 짧은뜨기 이랑뜨기의 배색무늬뜨기 7.6코 6.5단이 사방 10cm

만드는 법 실은 1가닥 지정된 색으로 뜬다.

① 본체를 뜬다. 사슬뜨기 23코로 시작코를 만들어 원형으로 짧은뜨기의 배색무늬뜨기를 하여 48코를 줍는다(1단째). 이어서 11단째까지 짧은뜨기 이랑뜨기의 배색무늬뜨기로 뜨고, 14단째까지 짧은뜨기의 이랑뜨기로 뜬다.
② 속주머니를 만든다.
③ 태슬을 만든다.
④ 본체에 속주머니를 넣어 입구를 감침질한 다음 태슬을 단다.

52페이지 계속

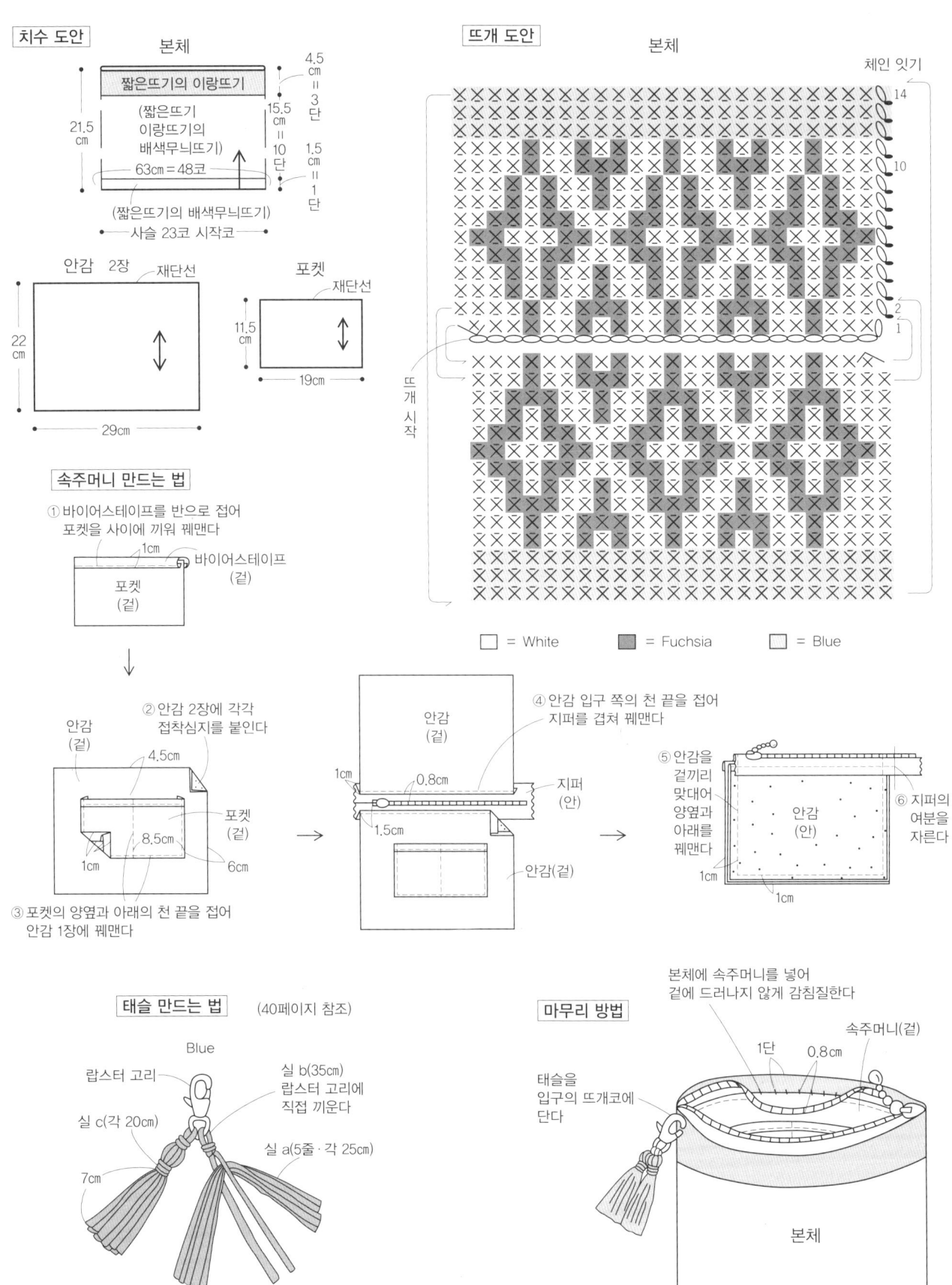

WORKS 016 단추 클러치 백 —P20

Designed by Masami Nagai

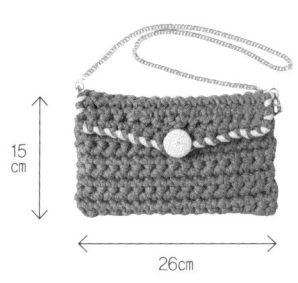

재료와 도구

실 훅트 즈파게티
　　 Grey … 1/2개　Yellow … 조금
　　 20번 레이스 실

기타 환소 비즈* … 1개
　　 지름 3cm 싸개단추 세트 … 1쌍
　　 지름 2cm O링 … 2개
　　 길이 80cm 랍스터 고리 달린 어깨끈 … 1개

바늘 10mm, 2/0호 코바늘 돗바늘

게이지 짧은뜨기(본체) 6.1코 6.3단이 사방 10cm

*환소 비즈: 지름 2~2.2mm의 둥근 비즈

만드는 법　실은 1가닥으로 뜬다.

①Grey로 본체의 옆면을 뜬다. 사슬뜨기 16코로 시작코를 만들어 짧은뜨기로 19단째까지 왕복하여 뜬다. 이어서 플랩을 24단째까지 뜬다.

②본체 옆면을 반으로 접어 양옆을 꿰매고, 플랩의 끝을 Yellow로 감는다.

③싸개단추의 중심을 뜬다. 실 끝으로 고리를 만들어 기둥코인 사슬뜨기 1코와 짧은뜨기 7코를 떠 넣어 원을 만든다. 짧은뜨기로 그림처럼 코를 증감하며 10단째까지 뜬다.

④③으로 싸개단추를 만든다.

⑤플랩에 싸개단추를 꿰매고 어깨끈을 단다.

치수 도안

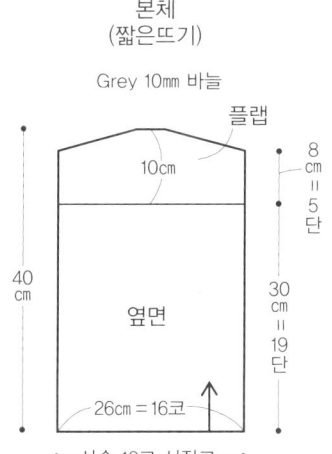

마무리 방법

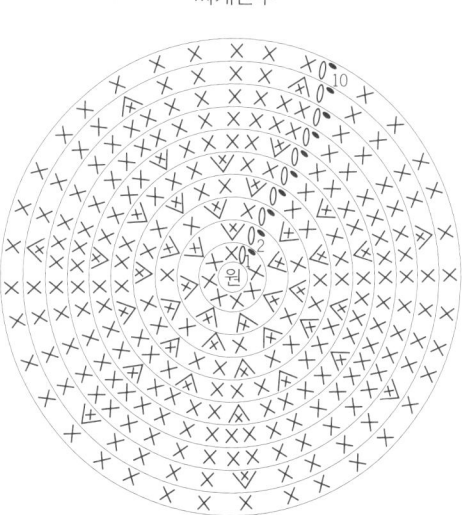

뜨개 도안

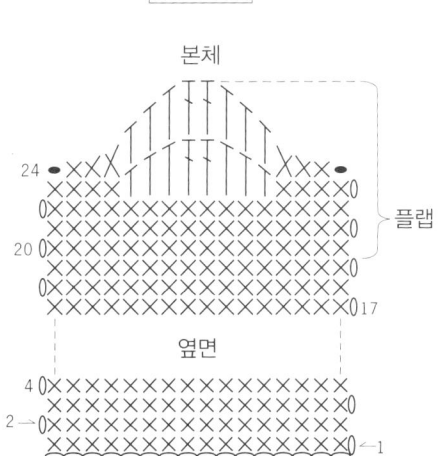

싸개단추의 콧수표

단	콧수	늘리는 법
10	35	증감 없이
9	35	7코 줄인다
7·8	42	증감 없이
6	42	각 단 7코 늘린다
5	35	
4	28	
3	21	
2	14	
1	7	

WORKS 017 접이식 클러치 백 —P21

Designed by R*oom

재료와 도구

실 　훅트 즈파게티
　　　Mix(흰색×검은색) ⋯ 3/4개
　　　Pink ⋯ 1/4개
바늘 　10mm 코바늘 돗바늘
게이지 　짧은뜨기 8.3코 9단이 사방 10㎝

만드는 법 실은 1가닥 지정된 색으로 뜬다.

① 본체의 옆면을 뜬다. 사슬뜨기 24코로 시작코를 만들어 원형으로 짧은뜨기하여 50코를 줍는다. 25단째까지 뜨면 실을 쉬게 한다. 2곳에 각각 새로 실을 잇고 사슬뜨기로 손잡이 토대를 뜬다.

② 테두리를 뜬다. ①에서 쉬어둔 실로 전체에서 56코를 주워 원형으로 짧은뜨기하여 3단을 뜬다. 마지막에는 원형으로 빼뜨기하여 1단을 뜬다.

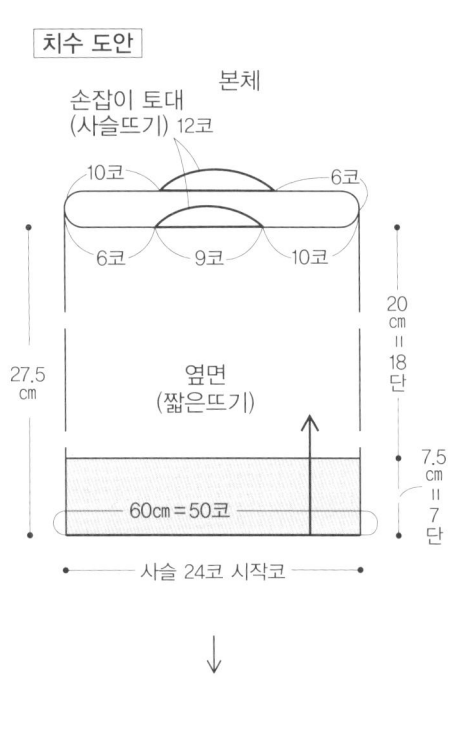

치수 도안

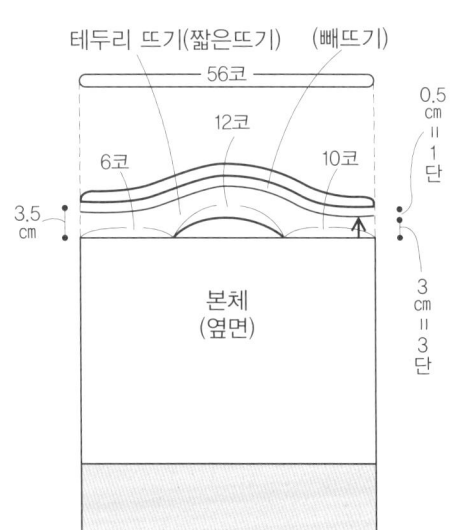

뜨개 도안

□ = Mix(흰색×검은색)   ▨ = Pink

WORKS 018 토글 단추 클러치 백 —P22

Designed by gemelli

재료와 도구

실 훗트 즈파게티
　Camel … 3/4개
　Marina · 카무플라주* … 각 조금

기타 폭 0.3cm 가죽끈 115cm
　길이 4.5cm 토글 단추 … 1개
　길이 3cm 랍스터 고리 … 1개

바늘 10mm 코바늘 돗바늘

게이지 짧은뜨기 7.7코 8단이 사방 10cm

*카무플라주: 군복처럼 얼룩덜룩한 무늬

만드는 법 실은 1가닥으로 뜬다.

①Camel로 본체를 옆면, 플랩의 순서로 뜬다. 사슬뜨기 23코로 시작코를 만들어 짧은뜨기로 41단을 왕복하여 뜬다.
②옆면을 반으로 접어 양옆을 꿰맨다.
③토글 단추에 실과 가죽끈을 끼워 플랩에 묶는다.
④태슬을 만들어 플랩에 단다.

치수 도안

본체
(짧은뜨기)

Camel

플랩　13.5cm = 11단

옆면　37.5cm = 30단

51cm

30cm = 23코

사슬 23코 시작코

뜨개 도안

본체

23코

마무리 방법

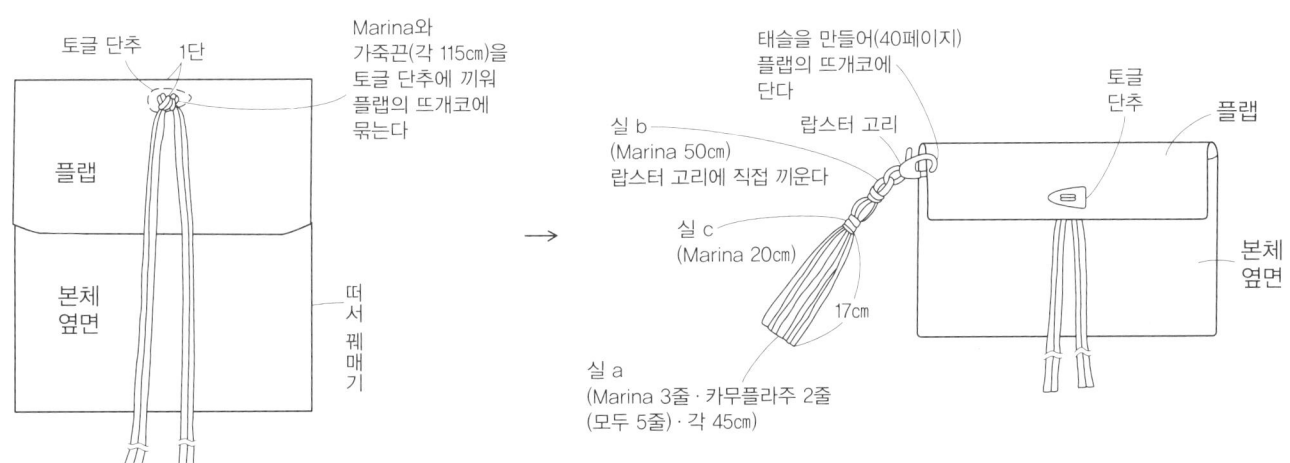

WORKS 019 비즈 클러치 백 —P23

Designed by R*oom

재료와 도구

실 훅트 스파게티 Marina … 1개
기타 지름 1.1cm 비즈 … 10개
지름 0.6cm 비즈 … 9개
지름 0.4cm 비즈 … 54개
지름 2cm 자석 단추(꿰매는 타입) … 1쌍
바느질 실
바늘 10mm 코바늘 돗바늘 바느질 바늘
게이지 짧은뜨기 6.6코 8.3단이 사방 10cm

만드는 법 실은 1가닥으로 뜬다.

①본체의 바닥을 뜬다. 사슬뜨기 20코로 시작코를 만들어 짧은뜨기로 4단을 왕복하여 뜬다. 바닥의 주위에서 원형으로 48코를 주워 옆면을 14단째까지 뜬다. 이어서 플랩을 25단째까지 왕복하여 뜬다.
②프린지를 단다.
③비즈를 단다.
④자석 단추를 단다.

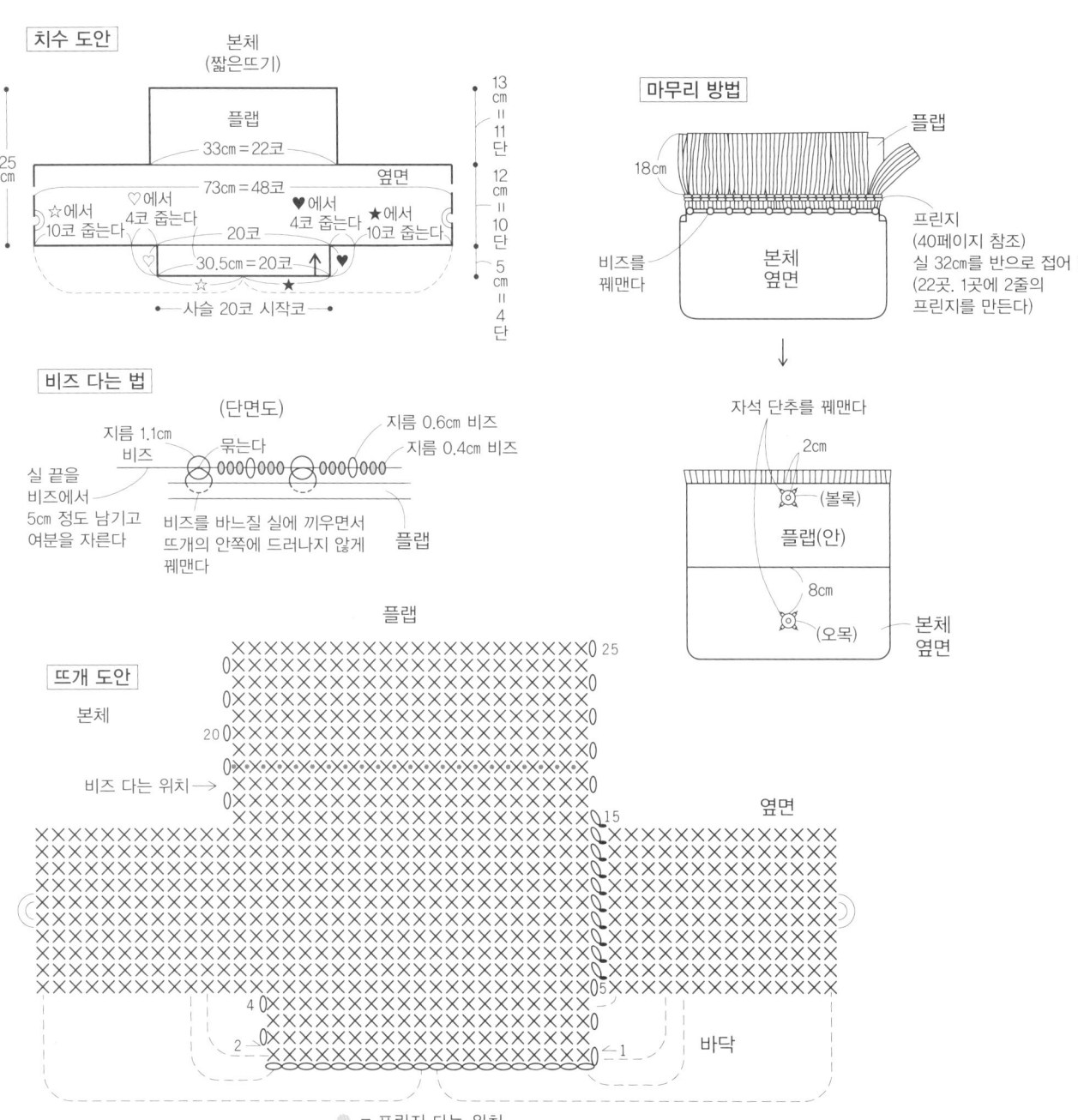

WORKS 023 꽃병 커버 (바닥 지름 13cm, 높이 17.5cm의 꽃병용) —P24

Designed by Noriko Misumi

재료와 도구
- **실**: 훅트 즈파게티 Green … 1/2개
- **바늘**: 8mm 코바늘 돗바늘
- **게이지**: 짧은뜨기 6.4코 7단이 사방 10cm

만드는 법
실은 1가닥으로 뜬다.

본체 바닥의 중심을 뜬다. 실 끝으로 고리를 만들어 기둥코인 사슬뜨기 1코와 짧은뜨기 7코를 떠 넣어 원을 만든다. 그림처럼 짧은뜨기로 코를 늘리며 5단째까지 뜬다. 옆면을 코의 증감 없이 12단째까지 뜬다.

치수 도안

본체 (짧은뜨기)

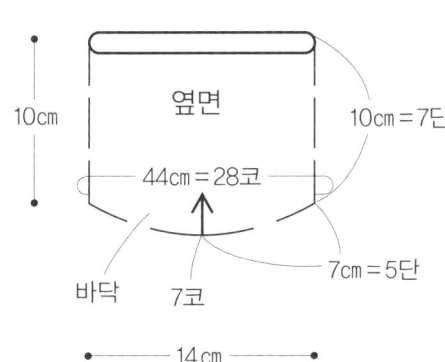

바닥의 콧수표

단	콧수	늘리는 법
5	28	늘림 없이
4	28	
3	21	각 단 7코 늘린다
2	14	
1	7	

뜨개 도안

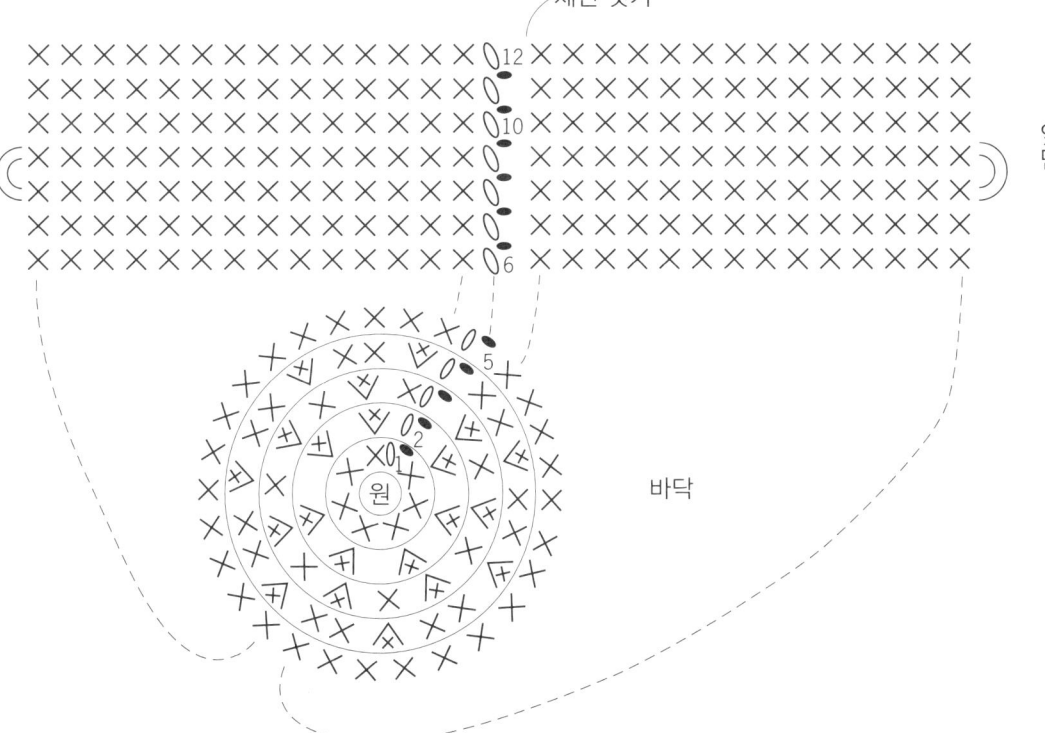

WORKS 024 기하학무늬 쿠션 커버 —P26

Designed by gemelli

A＝노란색 쿠션(사방 50cm의 쿠션용)　**B**＝파란색 쿠션(사방 45cm의 쿠션용)

재료와 도구 (1개분)

- **실**　훅트 즈파게티
  - **A**　White … 1개
    　　Yellow … 2/3개　Black … 1/2개
  - **B**　White … 1개
    　　Blue … 2/3개　Black … 1/2개
- **기타**　길이 50cm 지퍼 … 1개
- **바늘**　10mm 코바늘　돗바늘
- **게이지**　짧은뜨기 7.2코 8단이 사방 10cm
  　짧은뜨기의 이랑뜨기 7.2코 5.8단이 사방 10cm

만드는 법

실은 1가닥 지정된 색으로 뜬다.

① 본체를 뜬다. 사슬뜨기 36코로 시작코를 만들어 원형으로 짧은뜨기하여 74코를 줍는다. 이어서 앞면은 짧은뜨기 이랑뜨기의 배색무늬뜨기로 뜨고, 뒷면은 짧은뜨기의 이랑뜨기로 뜬다.

② 지퍼를 단다.

A 52cm　**B** 46cm　51cm

치수 도안

본체 앞면

(짧은뜨기 이랑뜨기의 배색무늬뜨기)

A 36cm = 21단
B 31cm = 18단

A 52cm
B 46cm

102cm = 74코

사슬 36코 시작코

(짧은뜨기)

A 16cm = 13단
B 15cm = 12단

(짧은뜨기의 이랑뜨기)

뒷면

마무리 방법

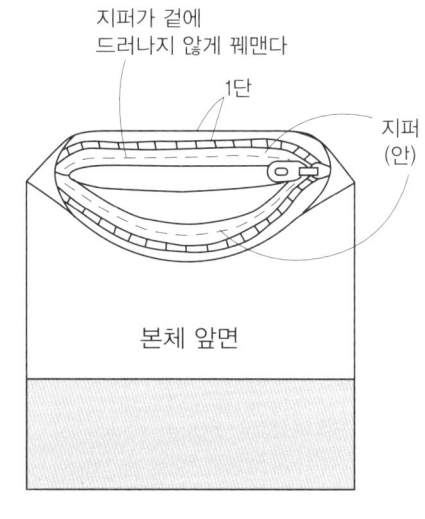

지퍼가 겉에 드러나지 않게 꿰맨다
1단
지퍼(안)
본체 앞면

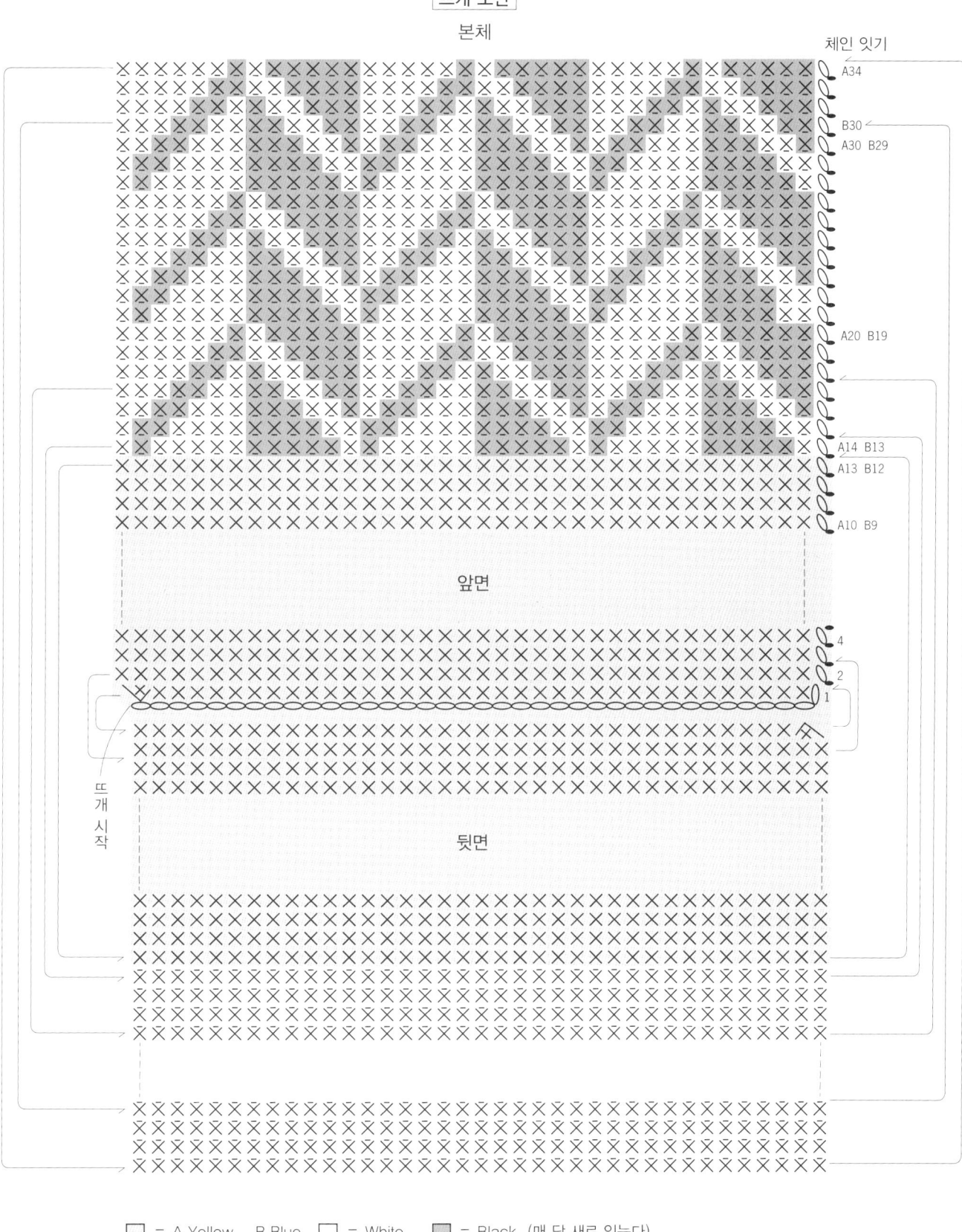

WORKS 025 가죽 바닥 룸 슈즈 —P27

Designed by miquraffreshia

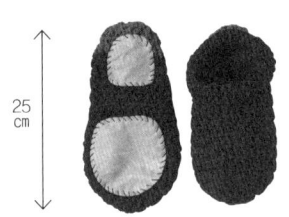

재료와 도구

실 훗트 리본XL
　　 Violet(38) ⋯ 1과 1/2개
　　 Petrol(32) ⋯ 1/2개
기타 바닥용 가죽 사방 25cm
바늘 10/0호 코바늘　돗바늘
게이지 긴뜨기
　　　 10코 6단이 사방 10cm

만드는 법　실은 1가닥 지정된 색으로 뜬다.

①본체의 발끝을 뜬다. 실 끝으로 고리를 만들어 기둥코인 사슬뜨기 2코와 긴뜨기 9코를 떠 넣어 원을 만든다. 그림처럼 코를 증감하며 9단째까지 떠 발등과 발바닥을 만든다. 10단째부터 15단째까지 남은 발바닥과 발뒤꿈치를 왕복하여 뜬다. 발뒤꿈치의 뒤쪽을 맞대어 꿰맨다.
②테두리를 뜬다. 지정된 위치에서 본체의 안쪽을 보며 모두 30코를 주워 원형으로 짧은뜨기하여 3단을 뜬다(겉에서 보면 뜨개 방향이 시계 반대 방향이 된다).
③발바닥에 가죽을 꿰맨다.
④다른 한쪽을 ①~③과 같은 방법으로 만든다.

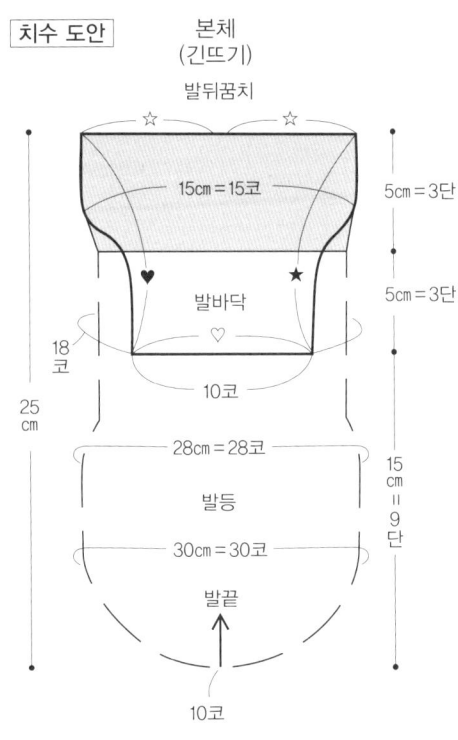

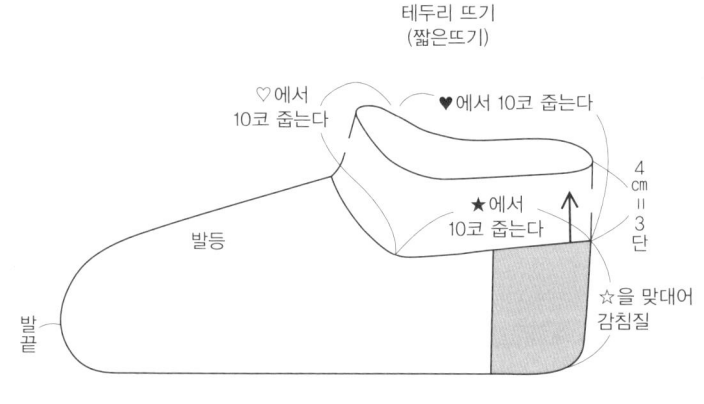

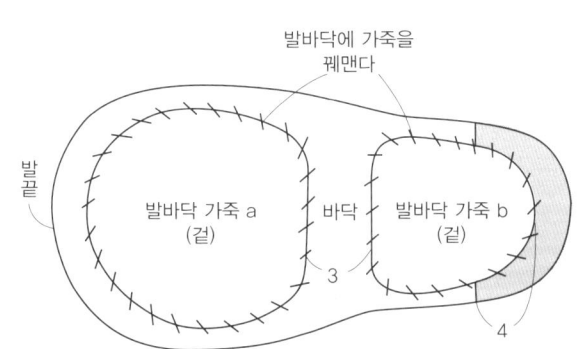

본체의 콧수표

단	콧수	증감하는 법
15	15	증감 없이
14	15	3코 줄인다
11~13	18	증감 없이
10	18	
8·9	28	증감 없이
7	28	2코 줄인다
4~6	30	증감 없이
3	30	각 단 10코 늘린다
2	20	
1	10	

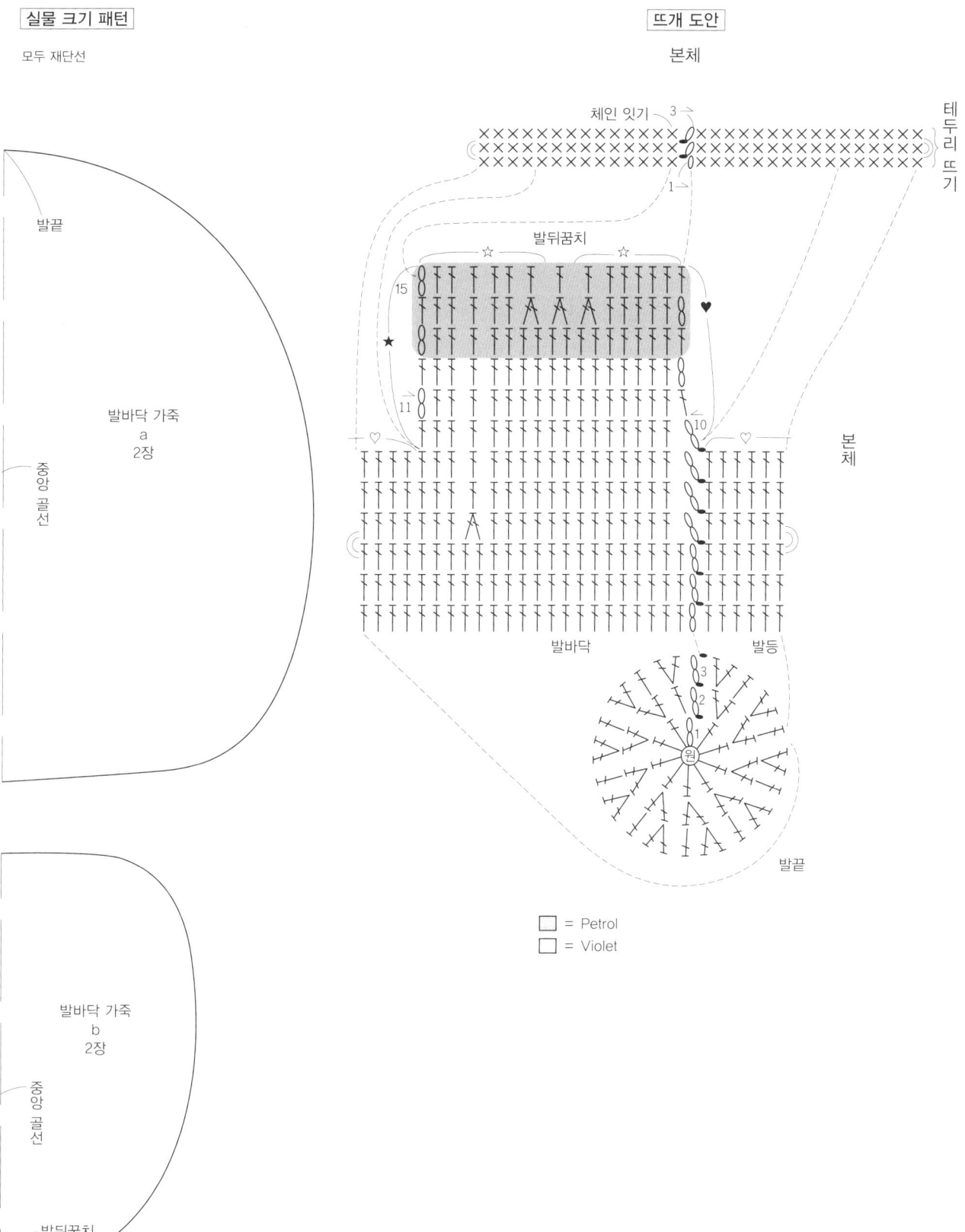

WORKS 026 프린지 러그 —P27

Designed by miquraffreshia

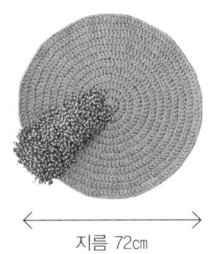

지름 72cm

재료와 도구

실 훅트 즈파게티
Grey … 2개
Mix(흰색×파란색 보더) … 1/2개

바늘 10mm 코바늘 돗바늘

게이지 긴뜨기 6.4코가 10cm 3.3단이 10cm

만드는 법 실은 1가닥으로 뜬다.

① 그레이로 본체를 뜬다. 실 끝으로 고리를 만들어 기둥코인 사슬뜨기 2코와 긴뜨기 11코를 떠 넣어 원을 만든다. 그림처럼 긴뜨기로 코를 늘리며 12단째까지 뜬다.

② 프린지를 단다.

뜨개 도안 본체

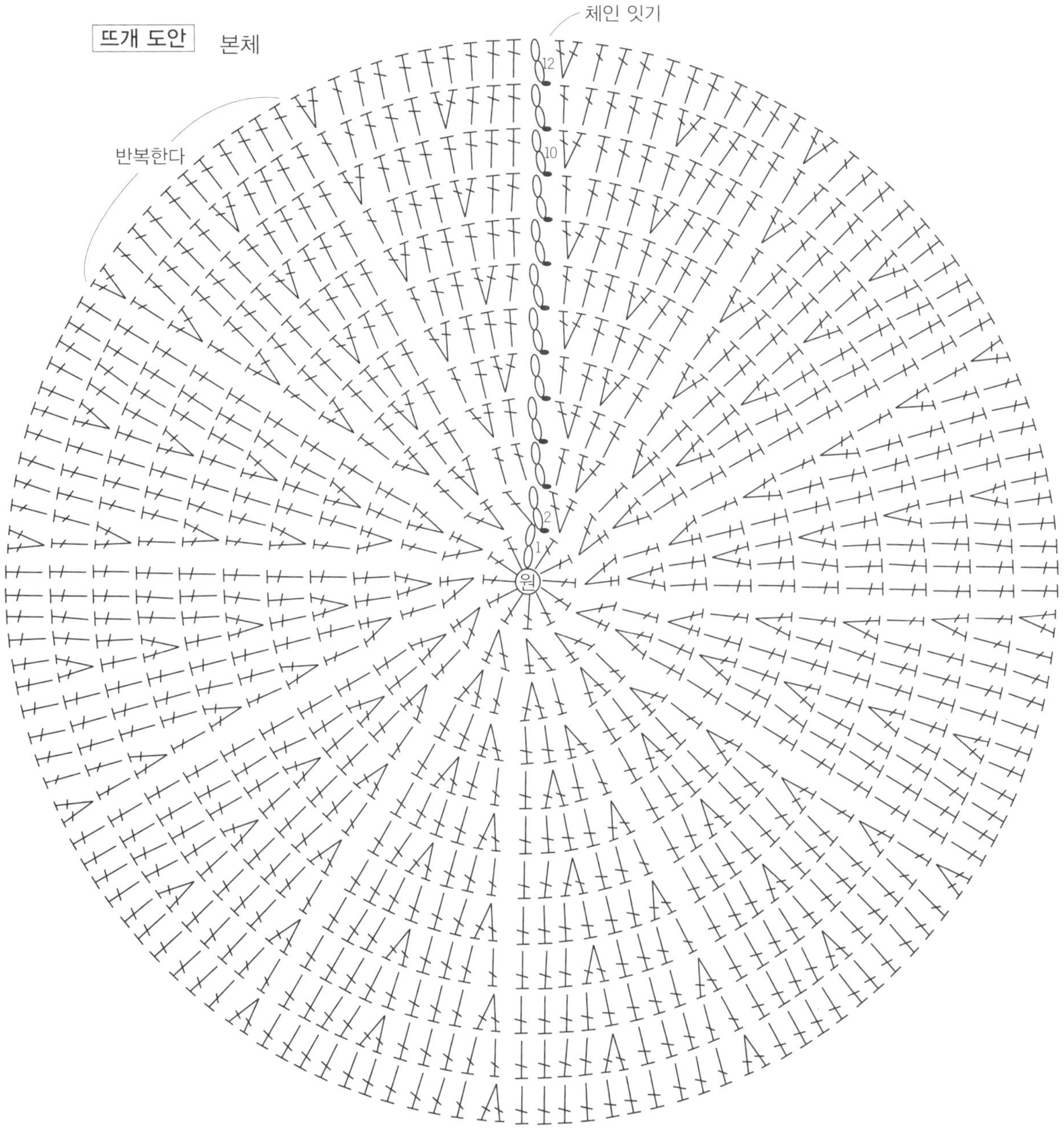

WORKS 028 스티치 냄비 받침 —P28

Designed by zena

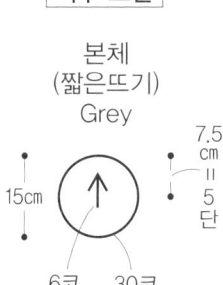

재료와 도구 (1개분)

- **실**: 훅트 즈파게티 Grey … 1/8개 Marina … 조금
- **바늘**: 8mm 코바늘 돗바늘
- **게이지**: 짧은뜨기 6.4코가 10cm 7.5단이 5cm

지름 15cm

만드는 법 실은 1가닥으로 뜬다.

① Grey로 본체를 뜬다. 실 끝으로 고리를 만들어 기둥코인 사슬뜨기 1코와 짧은뜨기 6코를 떠 넣어 원을 만든다. 그림처럼 짧은뜨기로 코를 늘리며 5단째까지 뜬다.
② Marina를 본체의 5단째에 끼운다.

콧수표

단	콧수	늘리는 법
5	30	
4	24	
3	18	각 단 6코 늘린다
2	12	
1	6	

치수 도안

본체 (짧은뜨기) Grey

15cm 7.5cm = 5단
6코 30코

마무리 방법

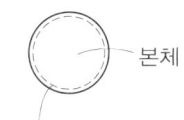
본체

Marina를 본체의 5단째에 1코 걸러 끼운다
실 끝은 뜨개(2~3코분)에 끼워 여분을 자른다

뜨개 도안

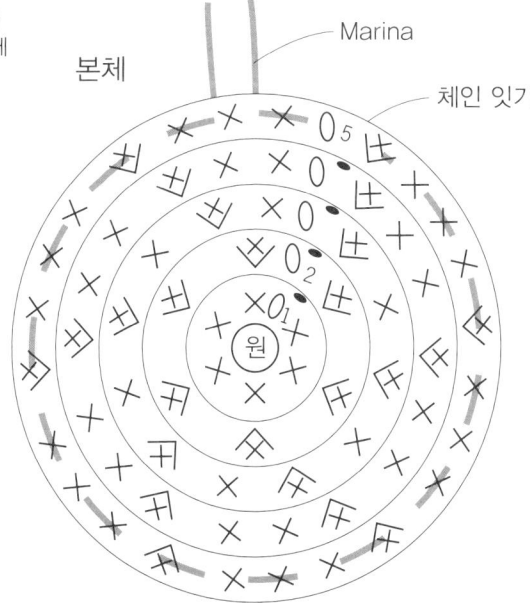

본체 Marina 체인 잇기

치수 도안

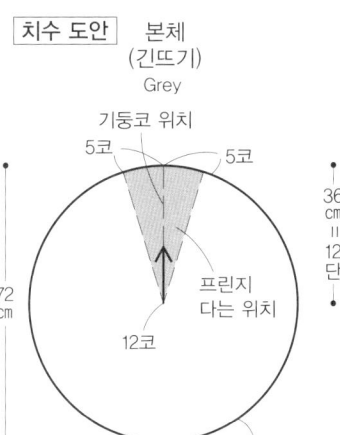

본체 (긴뜨기) Grey

기둥코 위치
5코 5코
프린지 다는 위치
12코
72cm 36cm = 12단
144코

마무리 방법

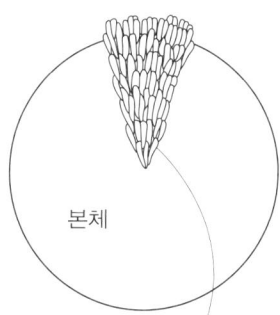

본체

프린지(40페이지 참조)
Mix 18cm를 반으로 접어 단다
(230곳)
※길이를 맞추지 않아야 자연스럽다

콧수표

단	콧수	늘리는 법
12	144	
11	132	
10	120	
9	108	
8	96	각 단 12코 늘린다
7	84	
6	72	
5	60	
4	48	
3	36	
2	24	
1	12	

WORKS 027 손잡이 트레이 —P28

Designed by zena

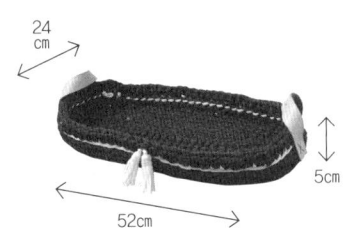

재료와 도구

- **실** 훅트 즈파게티
  Marina … 1과 1/8개
  White … 1/8개
- **기타** 손잡이용 가죽 6×25cm
  마 끈 … 조금
- **바늘** 8mm 코바늘 돗바늘
- **게이지** 짧은뜨기의 이랑뜨기
  7.1코 5단이 사방 10cm

만드는 법
실은 1가닥 지정된 색으로 뜬다.

① 본체 바닥의 중앙을 뜬다. 사슬뜨기 20코로 시작코를 만들어 원형으로 짧은뜨기하여 42코를 줍는다(1단째). 짧은뜨기의 이랑뜨기로 코를 늘리며 6단째까지 뜬다. 이어서 옆면을 짧은뜨기의 이랑뜨기와 빼뜨기로 증감 없이 9단째까지 뜬다.
② 손잡이를 단다.
③ 태슬을 2개 만들어 단다.

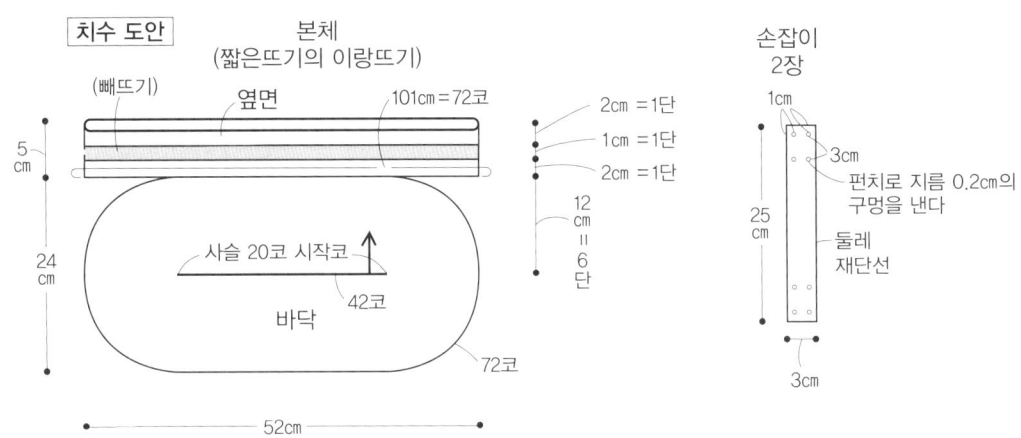

콧수표

단	콧수	늘리는 법
7~9	72	늘림 없이
6	72	
5	66	
4	60	각 단 6코 늘린다
3	54	
2	48	
1	42	

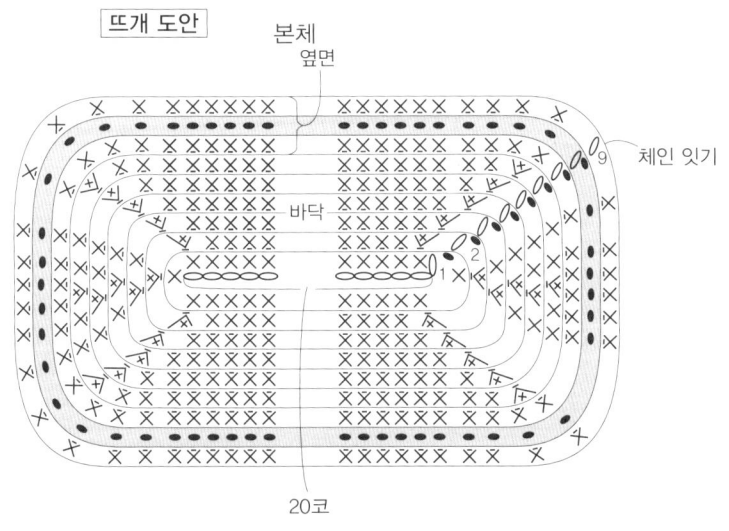

= Marina   = White

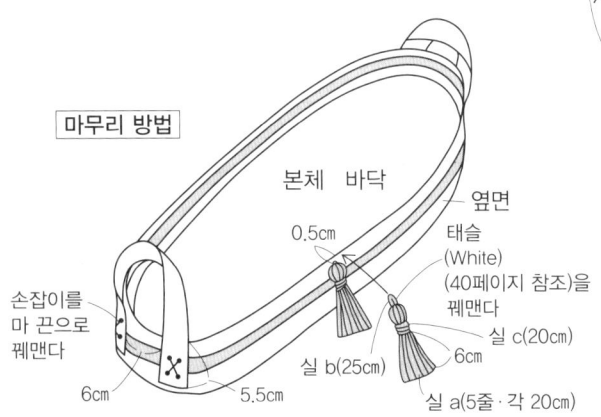

기초 뜨개 방법

코바늘뜨기
CROCHET

● **시작코**

실 끝으로 고리를 만드는 방법(2회 감기)

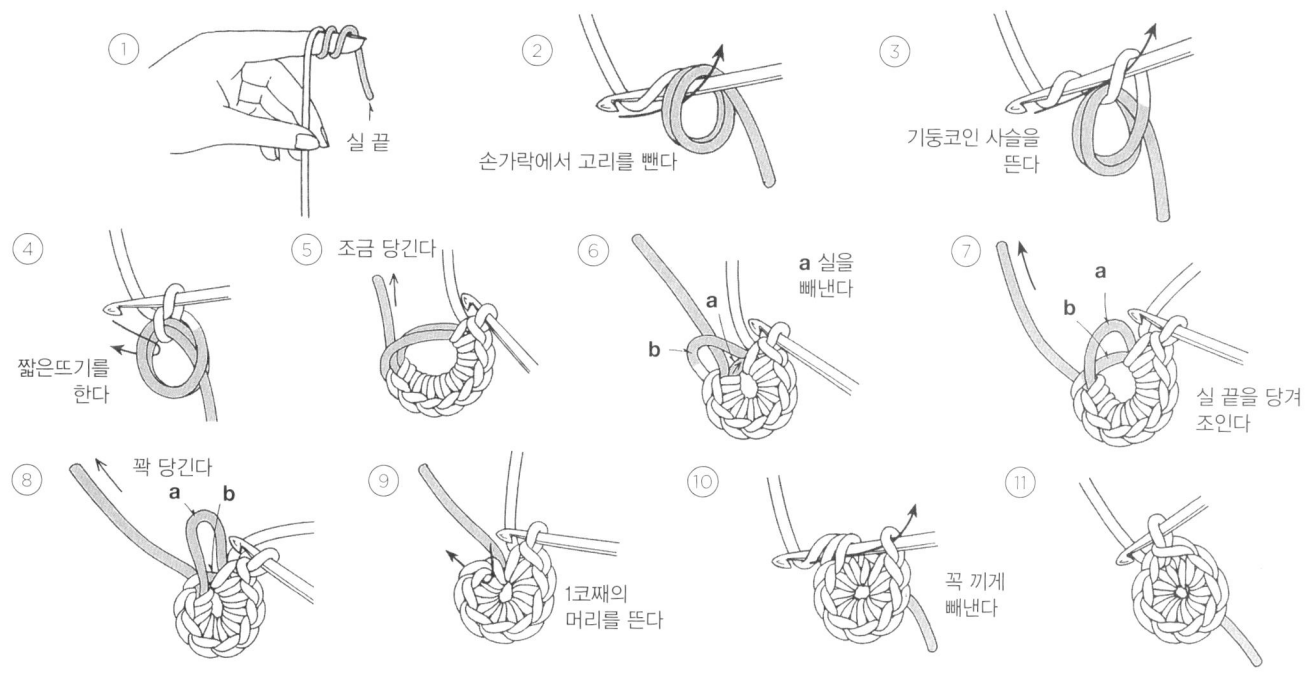

● **뜨개코 기호**

사슬뜨기

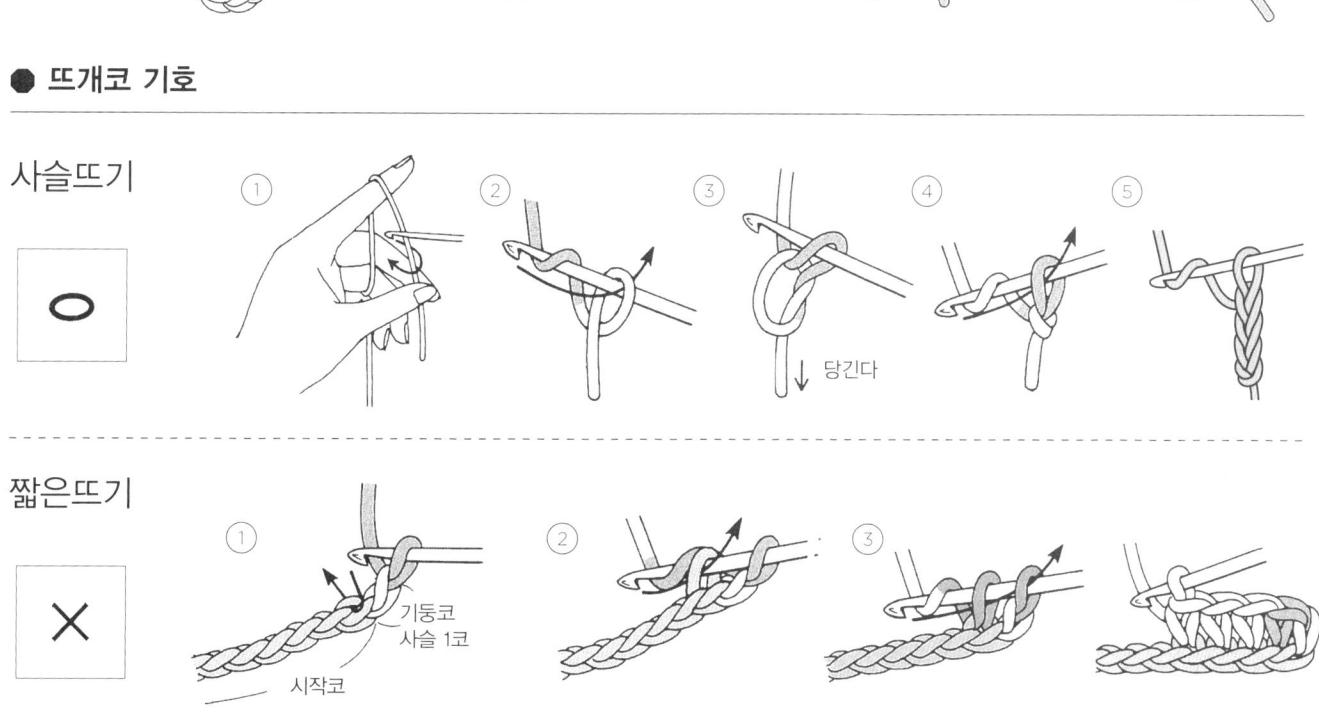

짧은뜨기

기초 뜨개 방법 : **코바늘뜨기**

짧은뜨기 2코 넣어뜨기

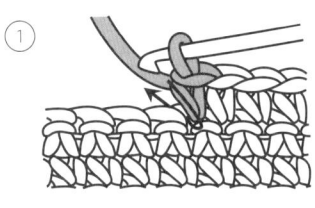
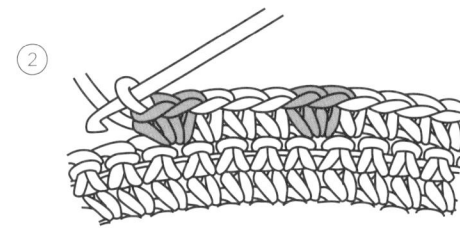

같은 코에 짧은뜨기를 2코 뜬다

짧은뜨기 2코 모아뜨기

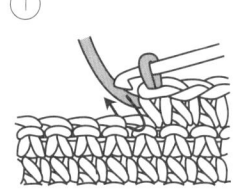
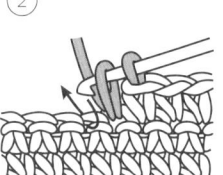
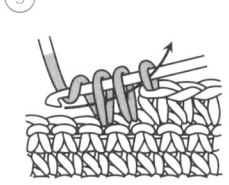
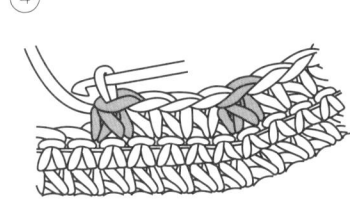

짧은뜨기와 같은 방법으로 실을 빼낸다

다음 코도 ①과 같은 방법으로 실을 빼낸다

2코를 한 번에 뜬다

짧은뜨기의 이랑뜨기

짧은뜨기의 이랑뜨기 2코 넣어뜨기

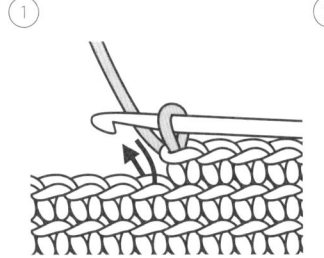
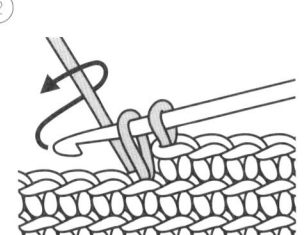
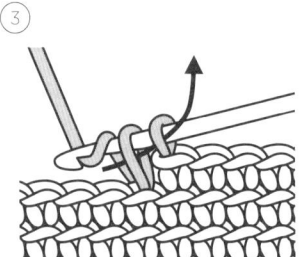

※ '짧은뜨기의 이랑뜨기 2코 넣어뜨기'는 앞 단의 같은 코에 '짧은뜨기의 이랑뜨기'를 2코 뜨는 것이다

빼뜨기

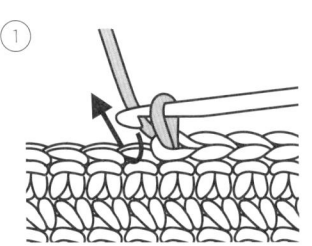
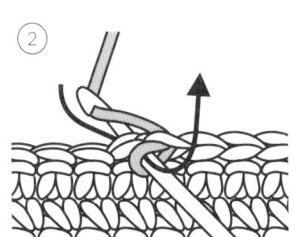
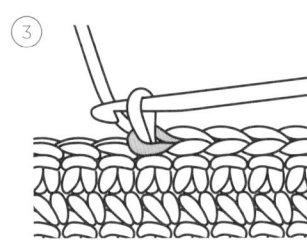

중간긴뜨기(긴뜨기)

 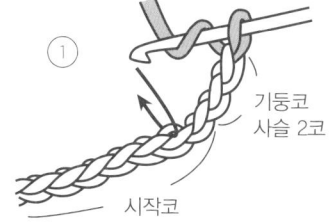  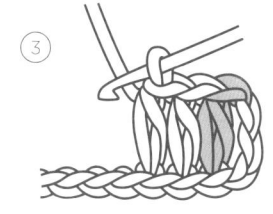

긴뜨기(한길긴뜨기)

  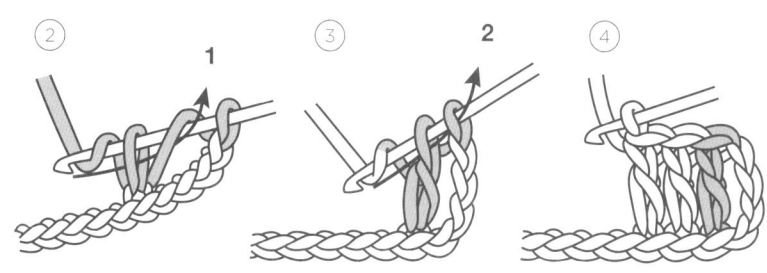

긴뜨기 2코 넣어뜨기

같은 코에
긴뜨기를 2코 뜬다

긴뜨기 2코 모아뜨기

 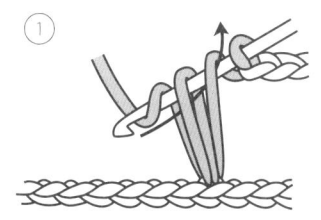 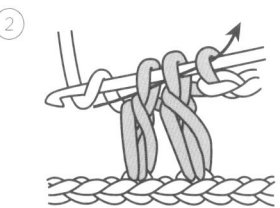 

미완성의 긴뜨기를
2코 뜬다

2코를 모아 긴뜨기를
완성한다

● 잇기·꿰매기

체인 잇기

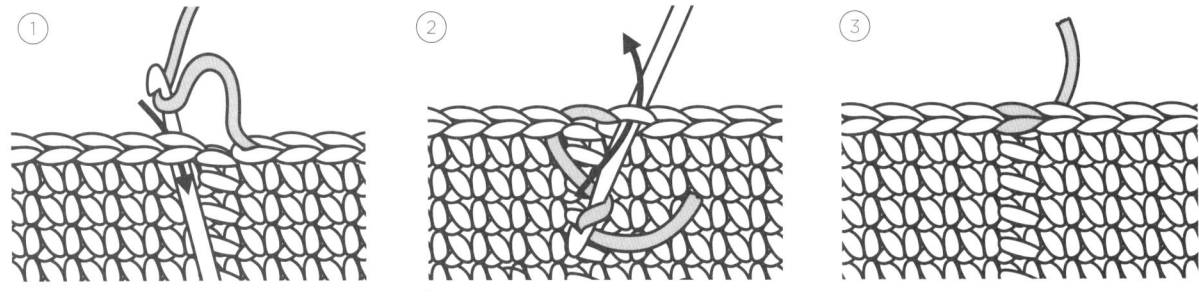

떠서 꿰매기

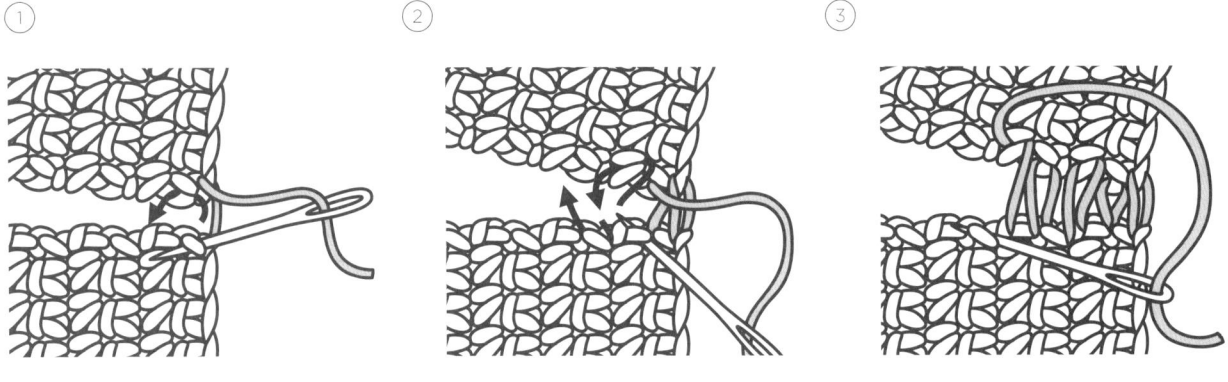

감침질

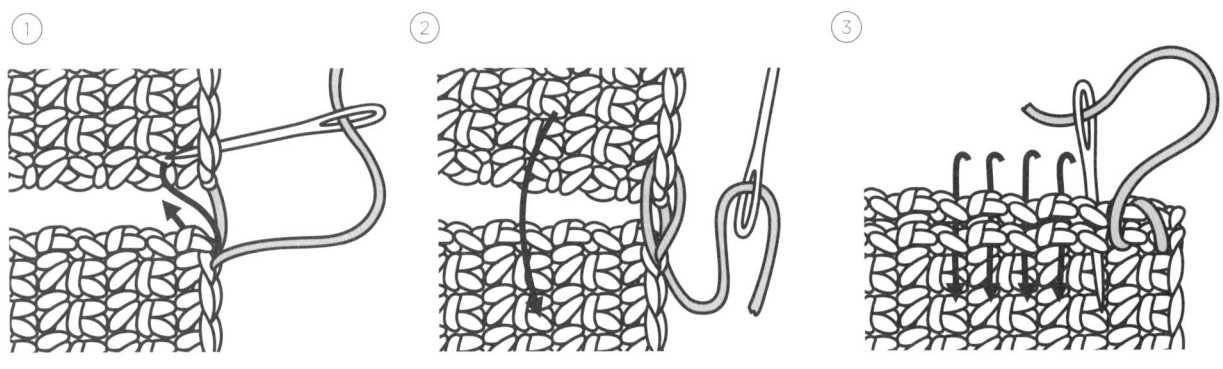

● 시작코

손가락에 실을 걸어서 만드는 시작코

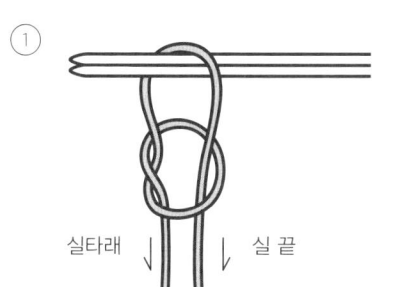

실타래 ↓   실 끝

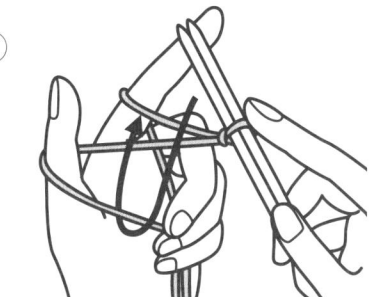

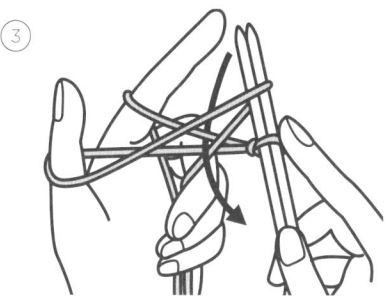

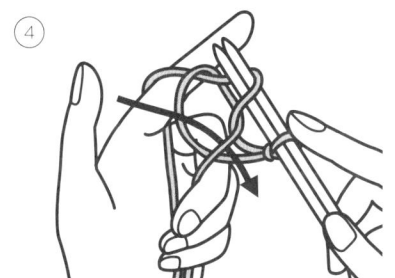

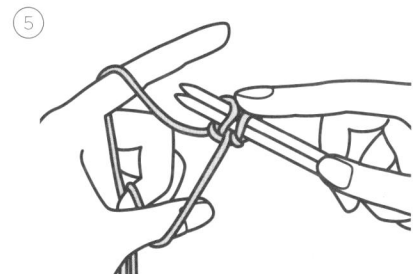

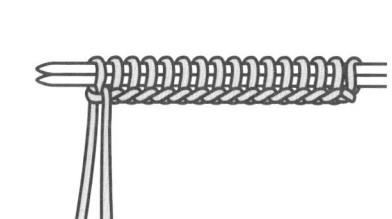

1단째 완성

● 대바늘뜨기 KNIT

● 뜨개 기호

겉뜨기

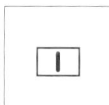

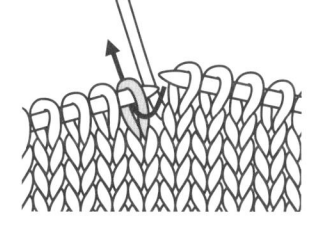

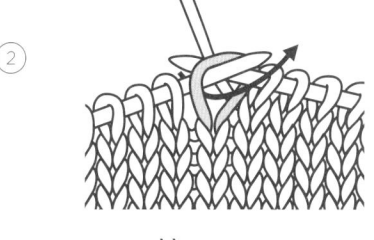

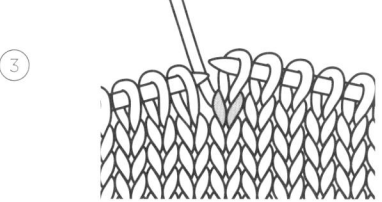

안뜨기

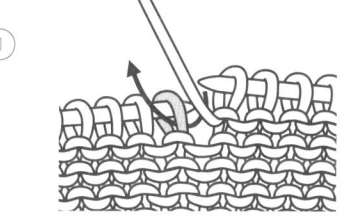

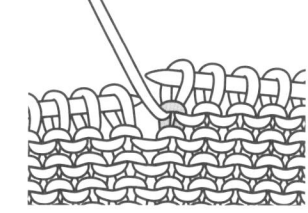

오른코 위 3코 교차뜨기

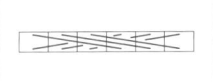 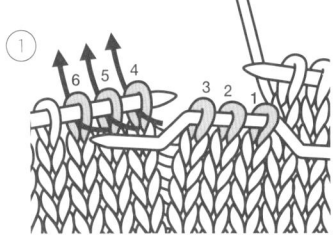 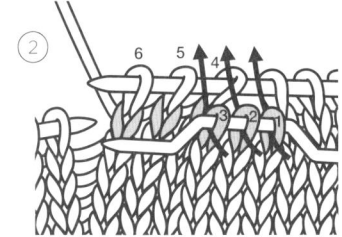 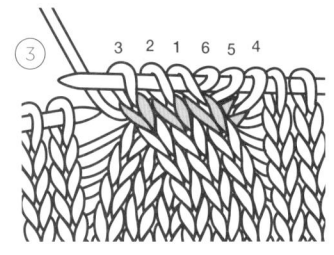

왼코 위 3코 교차뜨기

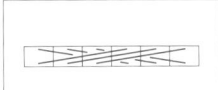 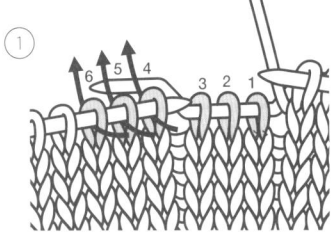 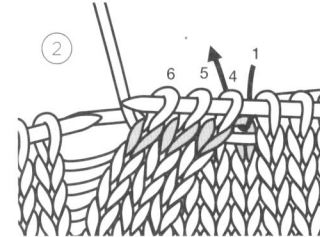 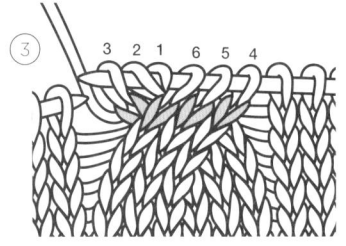

덮어씌우기

 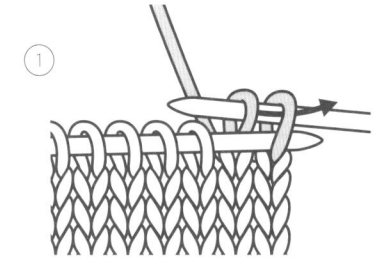 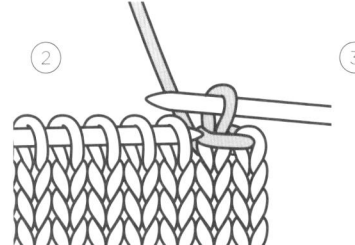 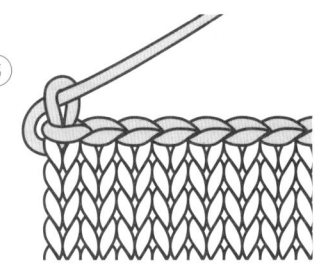

● **잇기 · 꿰매기**

떠서 꿰매기

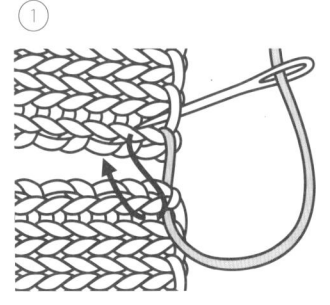 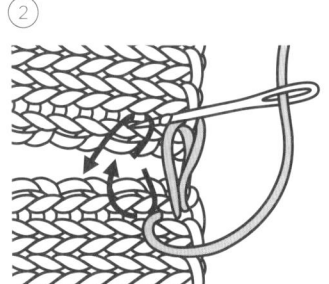 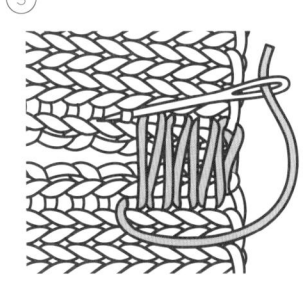

작가 프로필
ARTISTS PROFILE

gemelli

2014년 주문 제작 중심의 인터넷 쇼핑몰을 개설. 지금은 즈파게티와 리본XL로 클러치 백이나 잡화를 만들어 판매한다. 월 2회 정도는 도쿄(메구로)에서 워크숍도 개최하고 있다.

http://sykbase.thebase.in
instagram:@syk_ngc521

R*oom

초등학교 때 수예부에 들어간 것이 계기가 되어 수예에 흥미를 갖게 되었다. 그러다 니트나 재봉 관련 테크닉을 배웠고, 지금은 마 끈을 이용한 가방 중심의 소품을 제작, 판매한다. 각종 이벤트에도 작품을 출품하고 있다.

http://minne.com/room75

miquraffreshia

패션, 아트, 광고 등 다양한 방면에서 활약하는 수예가. 'knit or die!'를 슬로건으로 수예의 개념을 무너뜨리고 상상을 손끝으로 현실화하는 뛰어난 재능을 가지고 있다. 근원적인 수예의 즐거움을 맛볼 수 있는 독특한 워크숍도 주목할 만하다.

http://miquraffreshia.net

FUNNY BUNNY

2012년 브랜드를 설립하고 쇼난(가나가와현의 해안 지대) 지역의 편집숍이나 서핑숍(서핑 관련 용품점), 인터넷 쇼핑몰 등에서 제품을 판매했다. 니트 클러치 백 외에도 천 가방이나 액세서리 등을 제작, 판매하고 있다.

http://www.funnybunny.jp.net
instagram:@funnybunny-minastyle

야마모토 이요(schole)

야마모토 이요. 오타케 마나미가 결성한 크리에이티브 유닛. 두 사람은 모두 다마미술대학 텍스타일 디자인학과를 졸업했다. 일러스트, 디자인, 액세서리 제작, 워크숍 등으로 폭넓게 활동하고 있으며 개인 활동도 병행하고 있다.

http://schole.info

나가이 마사미

팬시 문구, 어린이 옷 메이커의 기획을 거쳐 프리랜서로 활동하고 있다. 현재는 자수 도안이나 텍스타일 디자인 및 d*rops라는 이름으로 뜨개 인형과 니트 작품을 제작한다. 문화센터에서 뜨개 인형 강사로도 활동하고 있다.

http://d-rops.com

미스미 노리코

디스플레이 디자이너이며 스타일리스트. 잡지, 서적, 광고의 스타일링 외에 크래프트(공예) 제작, 점포 디스플레이 등 폭넓은 분야에서 활약하고 있다. 집에서 즐길 수 있는 생활 아이디어도 적극적으로 트위터에 올리고 있다.

instagram:@min_msmi

zena

망가진 액세서리를 고치기 위해 장식 부자재 가게를 방문한 것이 계기가 되어 비즈 장식의 포로가 되었다. 수년에 걸쳐 사 모은 수입품과 빈티지 장식, 천연석, 수공예 오리지널 장식을 사용해 다양한 기법으로 작품을 제작한다.

http://zena.mods.jp/index.html

KITTUN ASWADU

자수실이나 리본으로 만든 팔찌를 베이스로 한 액세서리를 제작, 판매하면서 니트 작품도 제작하고 있다. 수예 잡지에 작품을 게재하는 한편 워크숍 강사, 핸드메이드 작품의 전시 출품 등 폭넓은 활동을 하고 있다.

http://www.creema.jp/c/kittun_aswadu

horieee

천연석의 자연색 느낌에 이끌려 비즈 밸런스 아틀리에에서 비즈 공예를 습득했다. 2010년 'horieee'로 액세서리 제작을 시작, 현재 이벤트에 작품을 출품하면서 주로 워크숍 운영을 중심으로 활동하고 있다.

http://horieee.ciao.jp

ZPAGETTI DE ZAKUZAKUAMU CLUTCHBAG TO KOMONO
Copyright ⓒ SHUFU TO SEIKATSU SHA CO., LTD., 2016
All rights reserved.
Original Japanese edition published by SHUFU TO SEIKATSU SHA CO., LTD.

Korean translation copyright ⓒ 2017 by Iaso Publishing Co.
This Korean edition published by arrangement with SHUFU TO SEIKATSU SHA CO., LTD.,
Tokyo, through Honnokizuna, Inc., Tokyo, and Shinwon Agency Co.

이 책의 한국어판 저작권은 신원에이전시를 통한
SHUFU TO SEIKATSU SHA CO., LTD.와의 독점 계약으로 도서출판 이아소에 있습니다.
저작권법에 의해 한국 내에서 보호받는 저작물이므로 무단 전재와 무단 복제를 금합니다.

즈파게티로 쓱쓱 뜨는 클러치 백과 소품

초판 1쇄 발행 2017년 8월 20일

지은이 주부와 생활사
옮긴이 왕언경
펴낸이 명혜정
펴낸곳 도서출판 이아소
디자인 황경성

등록번호 제311-2004-00014호
등록일자 2004년 4월 22일
주소 04002 서울시 마포구 월드컵북로5나길 18 1012호
전화 (02)337-0446 **팩스** (02)337-0402

책값은 뒤표지에 있습니다.
ISBN 979-11-87113-15-7 13590

도서출판 이아소는 독자 여러분의 의견을 소중하게 생각합니다.
E-mail: iasobook@gmail.com

이 도서의 국립중앙도서관 출판예정도서목록(CIP)은 서지정보유통지원시스템 홈페이지
(seoji.nl.go.kr)와 국가자료공동목록시스템(nl.go.kr/kolisnet)에서
이용하실 수 있습니다. (CIP제어번호 : CIP2017018826)

이 책의 작품은 Hoooked Zpagetti와 Hoooked RibbonXL을 사용하고 있습니다.
실에 관한 사항은 Hoooked(훅트) 한국공식대리점인 뜨개머리앤(Annknitting Co.)
으로 문의하시기 바랍니다.

뜨개머리앤
홈페이지 www.annknitting.com 전화 1566-1871